和平零時差

全球對話錄 · 從北緯23.5°出發

釋心道 ◎ 作者

自序

之一：世界

蓮花有不同的名稱　　芬芳卻是一樣
祈禱用不同的語言　　眼淚卻是一樣
國家在不同的緯度　　愛卻沒有距離
我來自中緬的邊界
女人是勤勞的　　男人是良善的　　小孩是天真的
但是
我卻出生在二戰結束後的第三年
戰爭延續著貧窮　　也延續著游擊戰鬥
可愛的小村莊　　牧牛的男孩　　滿街亂跑的豬隻　　抽著鴉片的老人
夾雜著 槍聲　　以及　　陰霾的軍事談判
村裡的未來　　只有田裡的玉米成熟了嗎？
從小　　經歷到的是
某位大叔被打死了　　某某娘娘的男人缺條腿了
玩躲貓貓的遊戲是在兩軍的槍林下
生離死別是人間的悲劇　　是苦　　是無常
雖然當時年紀小　　但隱約之間
「和平」的渴求已然烙印在我的內心深處

之二：發現

長大後　　我走向墳場　　覺寂　　覺幻

我遠離欲望　　斷食閉關　　覺死　　覺空

我隔離世界　　閉黑關　　覺無所覺

禪修守護著我堅定的信念

菩提心召喚我心靈深處的寂靜

光熱的日　　平等高照

無言的月　　正是明亮

孤獨者的心　　用愛來連結發現

我銷溶在觀世音菩薩的慈悲心中　　悅意無盡

之三：行動

和平是使命　　是緣起　　是存在的動力

我看到了　　也感受到了「苦」的啟示

因為需要　　苦難的人需要離苦　　所以菩薩在人間

因為需要　　菩提心行的人需要超越的力量　　所以諸佛顯現

我願以謙卑無我的心　　與不同信仰者對話

我願以服務奉獻的心　　連結有緣人的慈愛

願從對話中相互理解與學習

願在相互理解中產生共識與行動

共識到戰爭的殘酷

共識到和平的可貴

共識到　我們只有一個地球　戰爭的武器將摧毀地球

地球將無法永續

共識到　我們是生命共同體　誰都無法單獨存在

因此　我真誠的祈願

以宗教的高貴智慧　鑲嵌在彼此之間的合作與愛的行動上

因為有愛　所以和平

因為和平　沒有戰爭

沒有戰爭　所以環保

因為環保　地球平安

地球平安　人間才有歡樂

2009.08.12

編者導讀

和平零時差？其實，二十多年來，跟隨家師——心道法師，參加國際上相關於宗教或非政府組織的各種會議，總是一句肺腑之言衝口而出：「師父，您辛苦了！」一開始踏上國際舞臺，進行跨宗教交流與對話，在臺灣佛教界還是非常稀有。徒眾們總是疑惑著說：「師父您為誰辛苦？為誰忙？世界和平是政治家的責任！」然而，師父總是笑一笑說：「這是我的天命！談久了就和平了！」臺灣的媒體文化偏好型塑「名師」，所以也就造就了很多所謂：「無名英雄」。因此，他一個人，沒有政府的支持，沒有企業家的財力，甚至媒體朋友不感興趣，所以報導很少。在這樣艱難的環境中、師父還是劍及履及地在為「和平」這個理念不斷地在世界各地奔走，通過對話的方式，用他的言語、用他的生命讓世人理解到「和平」的真諦，從交朋友、到相互理解、到認同他的理念，最後達到相互合作。

和平為何會零時差？因為心靈沒有距離。這個從北緯23.5度出發，不斷「繞著地球跑」，希冀能將不同信仰、不同文化、不同空間的人，拉入同一個境界中，那就是慈愛的心所散發的情境，以此共同的愛來為世界寫下和平新頁的人，就是心道師父。

這一本書集結了心道師父1991年至2009年以「愛與和平」為主軸的國際行程講稿，內容共四十餘篇，並收入當時精彩的照片記錄，可以說是師父這二十多年來思想的結晶。通過對這些稿件的梳理與回顧，我們可以看見一個靈性大師對「和平」的關懷與詮釋；也可以看到一個佛教行者，奔走於世界各地，只為了將他的和平理念宣揚給世人。

本書內容強調的不是文藻或詞彙的優美，也不是觀念或論述的創新，而是從一個修行人的實踐過程，讓我們重新去體認到「和平」這件事，是如何的與我們的生活、生命息息相關，是如何的影響我們和我們所生存的環境。在本書中，「和平」不是一個口號、一個符號，而是一個可實踐的目標。

本書具有以下四個特點，值得讀者細細體會：

一、全面性（和平思想的全面性）：如果您深入書中的思想可以發現，心道師父的和平思想是相當廣泛且深遠的，作為一個禪修與靈性大師，他從現代化、全球化的角度出發，關注來自現實、心靈和環保等方面的和平，對他而言，和平是全面性的、是整體性的，而非只是一個空泛的、外在於人的概念。而從修行的觀點來看，他更重視的是人內心的和平，因為這是一切和平的起點，所以本書中有許多談到人們如何讓內心和平的言論與方法。因為，心道法師認為，「心和平了，世界就和平了」。

二、發展性（和平思想的多元開展與與時俱進）：我們以歷史軸線呈現的方式來編排本書，希冀可以讓讀者清楚的理解到心道師父「和平」思想發展的脈絡，從最初的強調記憶體、輪迴、緣起等佛法的概念來呼應資訊網路時代的神聖危機；從臭氧層破裂、聖嬰現象及全球暖化問題，關懷並提升全球環保意識；又以宗教對話、心靈療癒等議題，進行多元對話與溝通，希望因為溝通而相互共識，找出轉化衝突的契機；並倡導「地球家」的概念，因為全球化的關係，人的關係密切到不僅是鄰人關係而是家人關係，然而地球只有一個，如何讓人類永續生存？只有消弭戰爭，因為戰爭的武器是地球無法承受與修護的。這些思想逐步發展是一種「變」與「常」的辯證：他的佛法、禪修、對話等這些「常」，支撐他的和平理念不斷地隨著實踐而深化與擴充的「變」，讓他的和平思想愈來愈成熟，也愈來愈重視、明確從心出發，向全球議題延伸的「愛與和平地球家」。

三、實踐性（和平思想來自生命實踐）：在本書中所呈現的和平思想，都是具有社會實踐和生命實踐意涵，而非只是道德式的論述。這是因為心道師父是一個苦修實證的行者，從小又歷經戰爭的苦難，所以他是通過他的生命經歷來看待、訴說和平。書中提出很多對和平應該如何實踐的作法：例如在一些文章中提到通過禪修來讓心安定、讓心和平；通過籌建宗教博物館和其分館來作為呈現和平

的載體；通過提倡全球倫理來作爲推動全球和平的共同規範；通過不斷的宗教對話來讓不同宗教彼此攜手合作；通過心念的改變來轉換衝突。諸如此類，都是心道師父在實踐過程中的體悟與呼籲，也是我們可以追隨其腳步共同努力的方向。

　　四、時空性（和平思想與現實發展的結合）：心道法師並不是一個一成不變，待在自己象牙塔內空談和平的宗教師，而是用他的眼、用他的腳、用他的心去感受時代的需要，然後用他的嘴說出契合不同時空需要的話語。他隨時注意全球各地發生了哪些事，不斷關切現代科技文明爲人類帶來哪些問題。也因此，美國911事件之後，他開啓了「回佛對談」的序幕；在全球議題不斷提及暖化問題時，他也注意到未來環境污染、水資源等有了重視水資源和生態療癒的議題；甚至，在這對話的時代裡，交流也好、會議也好，心道師父總是謙虛的交朋友，認眞的聆聽與學習，在這當中完成了人的和諧與信仰的貢獻。世間是無常的，天災人禍是不可預期的，宗教對話的終極意義還是只有一個：爲苦難者服務與犧牲，這也是地球家的重要工作。

　　心道師父「和平」理念的闡述與呼籲，是隨著不同的時空被賦予不同的需要與內涵。讀者順著本書的編排逐步深入，不但可以更精確地掌握心道師父的思想發展精蘊，同時也將更瞭解我們何以歸結出上述四個特點。

此外，在本書中有幾篇文章是心道師父對信眾的生活即席開示，貼切、真誠但是隨機逗教，與本書其他正式場合演講不同，為了呈現心道師父禪師活潑的教化面，我們選出幾場這樣的語錄放在最後，以完整地呈現心道法師的思想與靈性教化。

心道師父曾經說過他自己是戰爭下的產物，或許是這樣的生命經歷，讓他將心力放在關注和平的重要，這是一種通過對自己苦難的省思化成慈悲實踐的能量。古人說：「十年磨一劍」；那麼，一位靈性大師，用他的生命實踐經驗淬鍊所「磨」成的一本書，又是如何的彌足珍貴呢？有緣者並能用心感受！

最後，希望此書的出版能觸動你我生命中的和平種子，讓我們獲得自我內心的和平，並由此放大到共同締造世界和平。在此，也要感謝那些在心道師父和平實踐過程中曾經共同參與、努力的知名與不知名人士，願大家在愛中共享和平。感恩！

世界宗教博物館執行長

釋了意

（後學編輯此書並斗膽導讀，實因追隨上師國際行腳多年，許多情境乃親身經歷，精彩而感動卻無法由演講詞中呈現，為使讀者更能體會心道法師對和平信念之用心與對眾生之慈悲，故書此導文。）

超越宗教的信仰

　　心道法師是一位完全不同的宗教領袖。十幾年前，他為了世界宗教博物館的籌備，屈駕到我的辦公室來說明他的理想，使我非常感動。我覺得他的心中所關懷的早已超過他自己的宗教信仰而胸懷天下，頗有中國古代知識分子的氣度。由於此一因緣，我自南藝校長退休後，把一心想推動的國民美育暫時丟在一邊，去世界宗教博物館為他效勞。在這六年期間，堅持為他的理想而努力，大力推動生命教育。遇有以世界宗教博物館之名舉辦的國際活動，我從不出席，寧留守國內，因為他才是在國際上執掌大旗的人。

　　這本書是心道法師在過去二十年間，到世界各地演講的紀錄。由於經過認真的思考與細心的整理，這幾十篇文章可以全面並深入地了解他的思想。裡面有宗教哲學性的討論，有個人對生命的體驗與論述，有對世界遠景、人類未來命運的關懷。粗看上去，他隨時都在闡揚佛理，但令人敬佩的是，他真正關心的是生命。他自全球化時代的國際觀，看到一個全球人類共存共榮的世界。要消除達成此一目標的障礙，宗教的任務重大。而佛教以其包容性，更應擔當起聯合各宗教共同努力，促進和平共處的任務。

　　他自修行的深刻體會中，了解愛是和平的基礎。很

值得深味的是他喜歡用「愛」字，而非一般佛教徒愛用的「慈悲」二字。這兩者的差異是慈悲之心多少有點施捨的意思，愛則是普遍的，可以有對話的。有了這種人同此心的愛為核心價值，宗教家推行他的理念只需直指人心就可以了。這是他能超越宗教界線的主要原因。自心中找到愛的根源，就能包容異見，就能尊重別人，化解對立，建立和平的秩序。為了普遍的愛，他大方提倡環保，愛護這個全人類賴以生存的地球。

心道法師根據自己的經驗，一再地告訴我們禪修是養心的良方。「百千法門，同歸方寸」，自內心出發的力量，是用修行培養出來的。在這裡，表面上看他回歸到佛教信仰，但任何宗教都有一種方式，可以使信仰回到本心，他只是告訴我們，「禪修是最好的安定心靈的方法。」自寧靜中找回人性，返璞歸真，他的話，實在是超越宗教的，值得教內外人士深思！

前世界宗教博物館館長

漢寶德

信仰的自由與高僧的和平路

　　世界任何宗教的歷史，都有內部紛爭、甚至分裂，與其他宗教敵對，甚至互相傷殘的紀錄。天主教也不例外。1963年至1965年梵諦岡第二屆大公議通過的十六項重要文件，就有「大公主義法令」、「東方正教會法令」、「天主教會對非基督教會態度宣言」及「信仰自由宣言」。信仰自由是基本人權，值得我們以生命去衛護、爭取。但從同一根源分裂的宗教都應努力求取合一以共融。不同宗教間則需互相尊重、交流、對談，在可能範圍內友善合作，以期締造眾生的福祉。普世天主教會都在此有所指示。

　　過去，天主教于斌樞機主教因受天主教在國人心目中為「外來的宗教」，而且詬病近代傳教士隨外國殖民主義者進入中國之苦，終生都在為洗去這一類污名而努力，在他多方面的努力中，他曾在抗戰正酣的時刻，在重慶約集了佛、道、伊斯蘭、基督、天主教領袖，創立了「中國宗教聯誼會」。我們以他是在這一方面的先知先覺者為榮。如今，更有幸與心道法師結緣，這是天主所賜大恩之一。

　　法師生長於內戰慘酷、普遍貧苦的緬甸，自幼就面對人類不止上演的人生悲劇，感受到人生的虛幻無常與切膚碎心的各種無奈與苦痛，而渴求愛與正義結合的果

實——和平。

　　遂於，1984年創辦「靈鷲山無生道場」，感召無教信徒，歸依數十萬人。提出「生活即福田，工作即修行」。深信消弭宗教對立，促成宗教和平，應透過各種交流、對話，建立「愛與和平地球家」的共識。1989年創設「靈鷲山般若文教基金會」成立「靈鷲護法會」，凝聚信徒善信、善願、善行的推廣社會文教活動。以「生命服務生命，生命奉獻生命」的理念來引領護法善信，廣泛凝聚社會愛心，奔走各宗教之間，溝通共識，與任何正宗宗教相契合作。更重要的是，於2001年11月9日「世界宗教博物館」在臺灣的正式開館。來自三十四個國家、一百八十六位宗教領導人簽署一份共同宣言並訂定當日為「世界宗教和諧日」。我很感恩，能參加這一場難能可貴的盛會。目前心道法師現正積極籌建一所「世界宗教大學」，想結合全球各大宗教界、企業界、教育界、學術界來推動「締造和平造福人類」的運動，能啟發朝向一個「有愛與和平的和諧世界」理想。

　　《和平零時差》是心道法師送給我們一切有心、有愛心、有理想、也肯用心去善信、善願、善行者，一份美好的禮物。我非常高興、榮幸、樂意來推為這部紀錄一位真情、熱情向一切有善意的人吶喊的書！

前天主教臺北總教區總主教

狄剛

一個臺灣現代僧團的奇蹟

　　臺灣自1987年解嚴以來，無論在政治、經濟、社會、文化、思想等各領域的急遽轉變，是大家有目共睹的。其中最令人印象深刻的變化之一，應算是宗教團體的迅速勃興及其所展現的旺盛生命力。許許多多的外國媒體、學者或觀察家，早已注意到臺灣宗教團體的傑出表現，特別是帶有本土特色的佛教教團，對其出家眾的高學歷、佛法的詮釋與傳播、組織與運作的效率、關懷社會與涉入改造、寬闊的國際視野等，咸認爲是另類的「臺灣奇蹟」，標誌臺灣在邁向已開發國家之林以及後現代化的過程中，具有其別樹一幟的特殊風格。心道法師所領導的靈鷲山教團，多年來爲臺灣與國際社會奉獻心力，即是這個「臺灣奇蹟」的最佳範例。

　　心道法師對於心性的探索和禪修方式，有他獨到的見地，而對於宗教志業的堅持和投入，幾十年來始終如一。他慧眼獨具，在步入新世紀之初，於2001年在永和建立了全球少見的「世界宗教博物館」，以尊重、包容、博愛爲宗旨，藉由現代科技的運用，展示世界各大宗教的信仰、文物與建築，希望藉此教育臺灣民眾成爲具有宗教知識與全球意識的現代公民。這種有別於一般宗教團體的福世作法，不但有其象徵意義，對於臺灣民眾的人文和宗教素養的提升，亦有莫大的實質貢獻。

不僅如此，心道法師更是一位積極的世界和平提倡者。他用心思索佛陀的訓示，從華嚴世界汲取靈感，企圖為紛擾與衝突不斷的世界提供一個和諧與秩序的願景。二十年來，他的足跡遍布世界各地，在包括聯合國在內的重要機構和大學，大力宣揚愛與和平，並且秉持寬廣的心胸，參與世界宗教的對話，傾聽「他者」的經驗與聲音。他衷心從事的對話，不似一般學院式的理論建構，更不是政治人物為化解國際對立所做的權宜安排，而是如他自己的見證所言，是從人的自我內心開始，再依次及於他人、物、國家。亦即真正的和平源自個人內心的覺醒，在破除慾望和困惑之後，以理解與慈悲之情體悟周圍的有情世界，在將心比心、以心通心的緣合下，早日實現「愛與和平地球家」。

《和平零時差》收集了心道法師自1991年以來的重要演講詞，記錄了他接近二十年的心路歷程。這裡面的篇章主題，包括他的參禪體悟與心靈開示，也包括他對現代世界危機的憂慮和關懷，更包括他對世界和平的反思和展望。在此我們分享了心道法師的內心世界，推崇他為世界和平所展現的願力，而對於他到處奔波、力行實踐崇高理念的做法，更是鼓掌喝采。《和平零時差》的出版，無疑地將嘉惠中文讀者甚鉅，也為臺灣的當代宗教發展，立下重要的里程碑。

國立政治大學宗研究所所長

蔡彥仁

心道法師國際和平行腳（1991~2009年）

2007 幕尼黑 禪修與科學研討

1997 倫敦 聖蹟保護會議
2009 伯明罕 世界宗教博
物館籌備會議

2004 溫哥華 UBC大學學術研討會

1994 耶魯大學 禪修及開示
2004 麻省理工學院演講
2007 耶魯大學 禪修教授

2003 巴黎 聯合國教科文組織
第四場回佛對談

2007 達拉斯 SMU大學
演講與禪修教學

2005 第七場回佛對談

2000 聯合國總部：千禧年世界宗教領袖
和平高峰會
2002 哥倫比亞大學 第一場回佛對談
2000 紐約宗教交流中心演說
2003 聯合國總部：NGO年會
2008 聯合國總部：第十場回佛對談

佛羅里達州
2003 弘法開示

2007 蒙特雷 世界文化論壇

2003 塞維亞 第一屆以利亞
宗教領袖會議
2004 巴塞隆那 第四屆CPWR
世界宗教會議
第六場回佛對談
2005 畢爾包 國際宗教會議
2008 馬德里 沙國主辦之世
界宗教對談會議

2000 中美洲四國宗教參訪

加拿大
溫哥華
康州、麻州
紐約
德州
墨西哥
英國
法國
西班牙
摩洛哥

奧斯威辛 猶太集中營參訪

1995 俄羅斯宗教參訪

聖彼得堡

莫斯科

布里亞特特區

2002 法源寺佛學院開示
2004 社科院海峽兩岸學術研討會
2005 北京大學演講
2006 北京大學第八場回佛對談
2007 光華管理學院系列演講

2005 蘇黎世 神祕主義與和平會議
2009 蘇黎世 宗教神祕主義會議

蒙古　烏蘭巴托

1991 大連科學研究所演講

1 波士尼亞宗教參訪

洋島
中東地區

2008 烏蘭巴托 蒙古佛教
　　發展國際會議

遼寧

北京

1996 土耳其、以色列宗教參訪
2009 以色列 第四屆以利亞宗教領袖會議

1992 日韓宗教參訪

伊朗

中國
CHINA

2004 德黑蘭 國際研討會
　　第五場回佛對談

無錫

2009 第二屆世界佛教論壇

4 法國跨文化基金會學術研討會

台灣

印度
INDIA

泰國

1999 宜蘭 太平洋人智學年會
2004 臺北 城市夥伴會議
2005 臺北 第二屆以利亞宗教領袖會議
2008 臺北 政治大學
2008 臺北 第九場回佛對談

2003 德里 宗教和平高峰會
2007 阿木里查 第三屆以利亞宗教領袖會議
2008 班格羅 「生活的藝術」國際會議

2003 清邁 西北大學學術研討會
2005 坤進省 呵叻大學蘭學院演講

斯里蘭卡

2005 臺灣十大宗教聯合賑災

馬來西亞

2000 吉隆坡 弘法開示
2002 第二場回佛對談

印尼

2002 雅加達第三場回佛對談

澳洲
AUSTRALIA

2009 墨爾本 第五屆CPWR
　　世界宗教會議

南非

1999 開普敦 第三屆CPWR世界宗教會議

世紀末的啟航

（1991～1999年）

生命的原理，就是有形跟無形的道理，無形就是生命的本源，有形就是生命的表現。沒有認清生命是質與能的變化，容易造成內心的不平衡，因此，生命的原理，就是探討變化與不變化的關係。

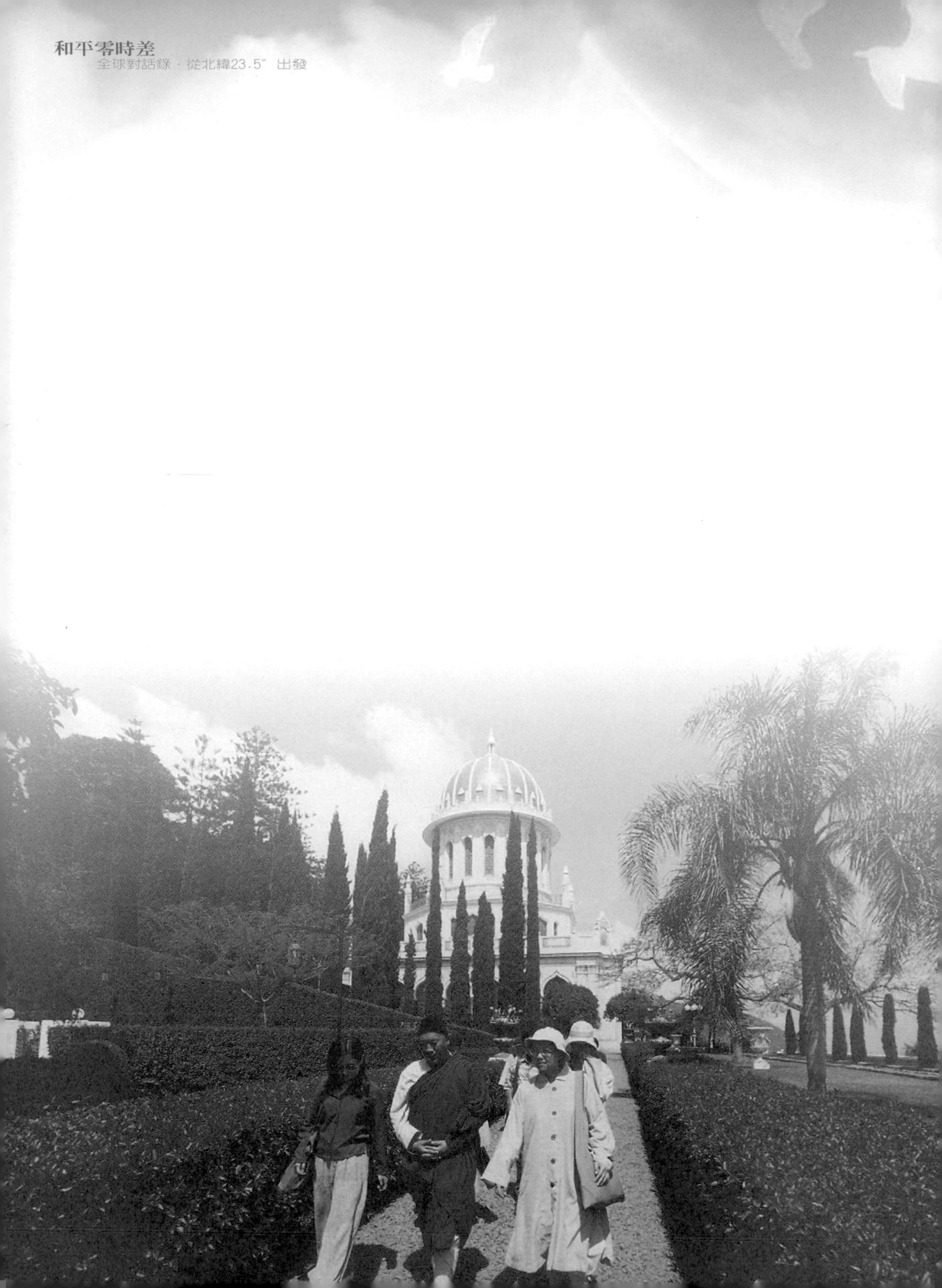

・時　間：1991年7月2日
・地　點：中國・遼寧

生命的原理

　　1991年7月2日，心道法師前往中國大連科學研究所參訪，並與具有特異功能者一同聚會，法師在此場聚會中發表了以〈生命的原理〉為主題的演說，他對與會來賓分享了他當時的心情與看法。心道法師認為，生命中變與不變的流轉，其實是因緣合和的產物，而心意識是促成這一切的主要因素，心能通達無礙，生命也可以通達無礙。

我們能有這個機會跟大家在此共同研究生命的潛能，覺得非常難能可貴。今天，就跟大家討論一下「生命的原理」。

　　每一個人都有生命，我們對生命充滿好奇，特別是潛能，大家都很想去開發。但潛能是從哪裡出來的？這種生命的原理，我們更應該去瞭解。

　　我們的身體不外乎精神跟物質的組合，外觀上是肉質的，它具足了四個條件，也就是在我們的身體裡面有地、水、火、風這四種元素，是生命組合的條件。精神是我們生命的根本，沒有精神，物質世界就等於不存在，因為我們沒有知覺，可以發現到生命的重要跟存

在；唯有內心的感觸與發現，我們對物質世界就有了直接的關係。

生命的原理，就是探討變化與不變化的關係。

精神與物質就像水跟冰，水溫到了冰點就凝結成冰；而冰塊是有形體的，是一種物體的表現，當它解凍的時候，又融化成水。我們的心生起很多潛意識時，也會造成一種物理現象，這種現象經過時間、空間的變動或消失，又會形成流動、浮動的表現。其實，這就是陰陽的道理，陰象徵隱晦不易見的精神層面，陽就是一個活動的、表現的、變化的物質現象。當物質現象回復到精神世界時，就是靜止的、不變的；當精神世界表現出來時，又變成一個活動的物質。

人的生死也是陰陽消長的作用，生是心的意識作用，演變成實體；死是心的意識經過時間跟空間的變化，改變人的生命與習慣，但是其中的能量是存在的，只不過在物質上產生變動而已。所以生命是不死的，只有能跟質的變化；生命的原理，就是有形跟無形的道理，無形就是生命的本源，有形就是生命的表現。沒有認清生命是質與能的變化，容易造成內心的不平衡，因此，生命的原理，就是探討變化與不變化的關係。

人生要能夠心安理得、享受生命，就要探尋不死的生命，才能真正享受到、感受到生命的存在，否則會覺得生命的變化，帶給我們的只是迷惘、困惑與恐怖，不知什麼樣的演變、演化會在什麼時期向我們席捲而來！

生命之流就像水粒子，一直在循環、流動著。

生命就像波浪一直往前滾動，有大浪、小浪，可是這些浪頭從哪裡來呢？我們都知道浪由水的激盪而生，而水就是生命的本質。生命一直在有無、生死中滾動，不論怎麼滾動，總離不開一個不死的生命！生命如果會死的話，現在就不可能可以生。生命的原動力，就是一個不死的能量，而且這種能量不滅！正因為生命不死、能量不滅，所以它一直被製造、被存在。

物質有消長的作用，可是精神是永遠存在的能。今天我們能夠發現生命的原理，那麼，我們對生命就覺得有意義，不會遺憾生命的短暫，對於它的幻變不定，反而是一種不斷地開放。

生命如流水，我們現在變成男、變成女、變成了一個生命，在生命之流裡面，只是一個水的分子。這麼多的水分子匯聚成一條生命之流，就像水粒子的組合一直在循環、流動、再流動。

心的思想一定要通達，沒有罣礙，在質量的世間才容易達到願望。

生命是心意識的編織，物質或所有的一切，也都是心意識所編織出來的；數不盡生生死死的記憶，又會錄存、儲藏在心田裡。心意識跟心田的互為因果，心田儲藏的東西能夠滾動出來，滾動出來的又能形成記憶儲存回去，心田跟心意識生生世世的循環變化，就是生死的原因。

生命存在都是有條件的，比如世界、婚姻、生活等等任何形成都是有條件的，我們稱之為「因」。因緣、因緣，因跟緣不聚合就沒有辦法表現出來；如果生命沒有辦法表現出來，就是條件不具足。條件從哪裡出來？就是前面所說的「心識編織與心田儲藏互相變動的結果」。

如何讓條件具足呢？要注重意識思想的流通，如果流通得好，條件就容易組合；思想流通不夠、循環不夠順暢的時候，就叫作阻礙；有了阻礙，條件就難以具足。所以，心的各種思想一定要通達，沒有罣礙，如此，在質量的世間就很容易達到願望；若思想各方面都是阻礙不通的，我們的生命路線就是一個坎坷。

物質的消長是精神的循環，擁有精神，才能夠創造世界。世界就是「能」的變化，大家的心就是能源的開關與按鈕，沒有心，就無法通達任何地方。開跟關就在心的按鈕，而宇宙的中心點，也就是大家的每一顆心。這就是「生命的原理」，謝謝大家！

雞足山朝聖。（左圖）
心道法師於大連科學研究所發表「生命的原理」。（右圖）

佛教是如何達到神聖的境界

　　1994年6月1日至11日，心道法師應法國跨文化基金會邀請，率弟子赴北非突尼西亞參加宗教學術研討會。和來自歐洲、非洲、日本等地的宗教學者（包括研究非洲原始宗教、回教、基督教與天主教等），齊聚著名的地中海文化中心，討論大會的主題：「宇宙間不可知的神性」，以人類學、文學、詩歌、雕塑藝術、博物館以及社會學的角度，來深入探索人類對精神世界的感受與想法，不啻為一場宗教文化饗宴。

　　此次會議，師父是唯一遠自東方而來的佛教大師，備受與會學者的矚目。6月7日下午，師父發表〈佛教是如何達到神聖的境界〉為主題的演說，以實修體驗與各宗教學者分享對談，引起熱烈討論，對心道法師「禪」的修持，以及籌建世界宗教博物館的理念深感佩服。

世紀末的啟航

宗教的同一性——「愛」

各宗教間的相同點是以「愛」為出發，但因愛的方式不同，產生了宗教間的對立與界線，而世界宗教博物館成立的首要意義，就是為了消除這些界線，以和平的方式去關心生命。世界宗教博物館可以說是客觀的宗教知識庫，讓人們可以吸收到各宗教最原本的精神。

每個宗教都講真理，而真理只有一個，是永恆、不變且普遍的，到底這個虛空會長出多少宗教出來呢？宗教是不是我們心靈的產物呢？

在佛教的觀念裡，我們的靈性出自於同一個體系，雖然我們很難描述、說明「精神」是什麼？我們看不到靈體，但經過父母生育成人，這個靈體也就表現出來了，放大來看，這個世界所表現的，就是一個神靈的智慧，也是上帝的智慧、佛的智慧。

什麼叫同一性呢？就像虛空，它「長」出非常多的星球；就像大地，化育出不同的植物和動物，地球上不會只長玫瑰不長其他的樹木，也不會只長麥，不長五穀雜糧；又譬如大樹跟小草，大樹向高空發展，小草往低處成長，它不用羨慕樹很高，因為草永遠不會變成樹，萬物各有其用，整個空間是共存的。

若這個世界什麼都沒有，我們的思想將是一片空白，正因為有這麼多可看、可聽的萬事萬物，才能啟發我們的思想。但因為環境、空間、生活需求的不同，產

生了不一樣的民族風情、文化、教育。地球上的宗教也正是如此，每一種宗教都不可能要求全世界每一個人都要信仰它的。

　　佛教裡面講「無我」是什麼意思呢？通常人們最固執的是「我」的存在，才會互不相容，引起爭執，如果我的存在就不容忍你的存在，怎麼有共存的可能呢？只要把空間騰出來，無我的時候，相對性就沒有了。因此，可以像「空」一樣「沒有」了，能容納更多「有」的存在。所以，對「我」的執著要慢慢消除，彼此的空間才會大。

　　每一個宗教都為了拯救世人、愛世人，他們的同一性就是「愛」，只是你的愛和我的愛有界限。如果把各宗教都放在世界宗教博物館裡，愛就沒有界限了！大家都可以接受到各宗教的愛，每個人以自己的方式去接近真理，去真正地關心生命，不因為愛的不同而互相消滅。就像有人喜歡吃麵包，有人喜歡吃大餅，每個人都可以依照習慣去選擇。如果大家擁有一個宗教博物館，就可以自由地去學習每一個宗教的知識、教義與精神。

　　宗教博物館可說是一個平民化跟神聖化的地方，因為它既神聖又可以接觸，每個人只要用心去了解自己該接受什麼，自由地透過心靈直接與真理溝通。宗教博物館也是一個宗教的知識寶庫，我們可以在這裡吸收到沒有修飾過的宗教精神。在宗教博物館裡面，各宗教可以擁有自己的空間，不但對自己的宗教可以深入了解，也

可以和其他宗教互相觀摩、探索。所以宗教博物館是各種宗教的傳教士，也是一個寬容共處的象徵，因為大家的文化都能在一個博物館裡相互交流，我想，彼此的敵意就會消除。

佛教的專一性 ── 「禪修」

如何達到覺的境界，可透過四聖諦（苦、空、無常、無我）的觀察，戒、定、慧三學來完成神聖。

除了同一性，宗教也有其專一性。佛教的禪修就是做專一的工作；面對自我的心靈和必須專一的事情，在這當中就產生了禪的心靈變化。由於自我的心靈一直發生很多狀況，最終跟自我的專一結合，使得自我的專一也變成心靈的一個習慣，才發現心靈從沒有離開過生活，它並不是吃、喝、享受，而是一種生活和物質的平衡。

倘若以我的心情與經驗來對佛的神聖表現做一個說明，我認為所謂佛的神聖表現，就是一個覺者、一個不迷惑的人，也就是一個全知；而覺悟的意思就是全知，包括過去、現在、未來都沒有迷惑。

一個覺悟者獲得生命的自由，再也沒有束縛、不自在，再也沒有煩惱與障礙，他必須通過四個思考方法獲得覺的圓滿。

第一個是一切的感受無苦樂，因為去除貪的關係。

第二個是「空」，一切看得到的東西都會消失在這

個空間，我們不要想擁有什麼。

　　第三個是「無常」，多變、短暫而靠不住，尤其是我們的心變化最多，也非常的無常，所以我們對任何東西不要貪住，因為它們是無常且會消失。

　　第四個是「無我」；無我是接近真理必須通過的道路，如果我們把「我」帶到上帝那邊就變成上帝，到佛那就變成佛，因為沒有「我」，每一個地方都可以契合。我們為什麼「自在」？那是因為沒有「我」。

　　這四個管道是通往覺性道路的思考方式。

　　其實若要覺悟，我們還有一個實踐方法，就是由三個方向──戒、定、慧去進行，「戒」就是避免犯罪，「定」就是讓心靈穩定，「慧」就是過一個有意義的生命。

　　戒，每一個宗教都有，目的是戒除不清淨，而獲得愉悅跟安定。

　　定，讓心靈平穩，內心安定，有思考的時間，安定以後可以產生智慧。

　　慧，智慧，對真理的探討、觀察後，明白生命的意義。

　　這三個也是通往覺悟的道路！

世紀末的啟航

中東宗教文明與藝術參訪後感

　　1996年5月17日至29日，心道法師率領僧俗二眾至中東以色列、土耳其等地參訪當地宗教聖地、歷史遺跡。拜會當地宗教團體，實地了解各宗教發展現狀以及當地社會文化的關係，並向其介紹靈鷲山籌建世界宗教博物館的理念，探詢對世界宗教博物館的看法與建議，達到宗教交流、對話的目的。

　　這次的中東參訪之行，不僅是臺灣與中東地區宗教交流史的創舉，也是佛教與伊斯蘭教、猶太教直接而友善的對話與交流之完美展現。

以下節錄參訪行程中，心道法師於Zaman機構之女子中學的談話：

　　院長、各位嘉賓、整個學會的朋友，還有我們這些團員。

　　這一次來到土耳其，非常感動，這份人情的交融實在使我們難以忘懷。謝謝時報協會給我們很好的安排，一切都讓我們覺得和平、和諧，這股強大的力量與愛心，讓大家融合在一起，正感化引導著整個社會走向一條健康快樂的道路。這是來到這裡最大的收穫。

世紀末的啟航

　　希望各個宗教融合在一起，一直是我努力的目標，雖然我們只是民間團體，或許力量不是那麼大，但是當我們試著去接近每個宗教時，過程中大家也都感受到了我們的用心，因此，很少遇到反對、不歡迎。

　　當然，每個地方都存在著或多或少的問題，卻也不失其美好的一面，我覺得貴國（土耳其）的福氣就很大，能夠擁有豐富的文化，引領全世界的人前來探討、瞭解，這是屬於全人類要共同保存的資產，我覺得非常榮幸能夠親自接觸這些珍貴的人類文化。

　　世界宗教博物館，是為了把人類的宗教文化、寶貴資產、善的知識保存起來。我為什麼會來到貴國呢？因為我籌備已經四年的一個博物館，現在已經破土動工了，相信很快就會落成。它主要的目的也就是把人類的

土耳其──心道法師與Zaman機構女子中學學生合影。

宗教文化、寶貴的資產、善的知識保存起來，讓大家都能了解每一個宗教的偉大，尤其是歷史悠久的宗教，我覺得需要大家共同合作推展，才能禁得起歷史的考驗。

收集古董並非我籌建宗教博物館的目的，主要是讓大家能夠瞭解伊斯蘭教是什麼？佛教是什麼？基督教是什麼？我們希望用各種方法，包括科技的、育樂的等等容易讓大家接受的方法，使大家真正認識並學習到有意義的宗教。由於宗教本身就是嚴肅的，比較無法讓每個人都可以容易地學習，所以我們以摯誠，把宗教的意義跟精神的所在、宗教究竟要給人類什麼？讓所有人能夠瞭解，為的就是要感動那些找不到方向而迷失、墮落的人，回到內心的神聖，跟上帝、阿拉，或聖者們親近；讓內心充滿愛與和平，讓短促的一生能夠過得精采。

聖墓教堂內──門徒將耶穌聖體從十字架上取下來後，在此石板上將聖體塗抹聖油、聖藥。

　　人生，就像花在開一樣，花有藍色、紫色、白色、黃色等不同地開放，有的有毒、有的沒有毒，這些花朵畢竟爲了開放而開放，是非常愉快的；眞理也就像花一樣，是那樣自然的開放，那樣地爲自己的人生負責任而努力。

　　此行從伊斯坦堡來到這兒，覺得這裡的人跟那裡的人並沒什麼不一樣，因爲他們的喜悅、愛心、融合是最難得的，這就是伊斯蘭教給予人們的薰陶。土耳其是一個受到國際矚目的國家，也許正因位於海口的地理關係，能與許多國家往來頻繁，貴國的人民也能以最大的愛來包容國際人士的蒞臨，非常值得我們學習。

　　由衷歡迎所有土耳其的朋友到臺灣來接受我們的招待，或許沒有你們招待得好，可是我們一定盡心盡力給予貴賓們最誠摯的歡迎與接待。謝謝！

伯利恆之星──也就是大衛之星，代表救主基督耶穌之誕生-聖墓教堂地下室祭壇下一顆星星上用拉丁文寫著：Hic De Virgine Maria Jesus Christus Natus Est（這裡是聖母瑪利亞誕下耶穌基督之地）

後記：由於這次的訪問，使我們對伊斯蘭世界有了更進一步的瞭解，讓我們感受到他們的熱情友好與對信仰道德的堅持。

・時　間：1999年11月3日
・地　點：臺灣宜蘭・羅東

生命的實相與愛的奧秘

　　1999年11月3日至4月1日，心道法師應邀參加臺灣人智學會主辦的「第五屆太平洋人智學年會」，發表「生命的實相與愛的奧秘」演說。心道法師先由「空」和「有」看似對立，實則相互依存的概念下手，帶出禪修與智慧如何豐富我們的生命，並且產生充滿靈性的愛，從而瞭解生命的實相，使得生命能夠圓滿呈現。

非常感謝大家！我們共同分享愛，然後推動這份愛讓每一個人都活得自由自在，更想要活下去。

　　我們人類，從地球上分成西方跟東方的文化，西方是從上帝講到萬有；講到善、講到天堂跟地獄；講到奉獻與信仰、不信仰、不奉獻。佛法則先從「有」的觀念，也就是先從一個自我的解脫開始做起，到達整個宇宙的解脫；先從物質開始了解，再了解到精神的充滿；最後把二元化變成一元化，一元化變成唯心化。

　　我們要頓入，就是講「空」跟「有」。我們要了解精神層面的時候，必須從「空」裡面去了解，那麼要了解「空」呢，必須從「有」裡面去了解，所以我們在解

世紀末的啟航

脫「有」到達「空」；解脫「空」到達整個心靈的一種遍滿；從禪修的內證了解到「空」的實相，到達一個願力；愛心普及到智慧、資訊的層面。這是從制度、人格自我完整的一種修行，就從禪修開始做。

當從禪修生起了愛心跟願力的時候，就是創造智慧、創造萬有、創造一切；給予人的一種快樂、理想的世界，都是從我們的愛心開始的。所以，什麼是實相呢？我想，必須了解「有」的這個層次，讓我們起了「得失」、「好壞」。另外，則是「空」跟「有」。如果我們的內心物化的時候，就會受物質層面的種種變化所影響，使我們進入一種不平等、多變化而不能掌控的心靈世界；如果我們的心靈不會物化的時候，心靈可能會超越物質而得到自在。

當我們在排斥「有」而需要「空」的時候，「有」可能會成為我們的障礙；我們需要「空」的時候，「空」也可能就是一個很大的障礙。如果我們要把「空」、「有」串起來，這時候，就需要禪修，這個禪修可能會帶領我們進入「空」、「有」不二的體會。

我們的思想總是最麻煩的，如果能夠解決思想上的迷惑，我們也就不會有迷惑了；當我們不會有迷惑的時候，就可以得到自由了。當我們處處看到很多思想上、知見上的問題，整個世界就是不一樣的世界；也就是從每一個人存在的表現不一樣當中，這個世界才會互動起來。所以，實相是什麼呢？我想，實相就是「空有」的一種呈現，也就是佛教裡面的華嚴世界。

每一顆種子就是一個佛的種子，也就是智慧的種子。

以現在的語言來說，什麼叫做佛呢？我想就叫做「大資訊」。有了資訊以後，我們知道很多的問題是自己可以解決的；等於說資訊可以達到一個全知的時候，很多的問題我們就知道它的來龍去脈，這些內心的問題可能就一一得到答案。如果我們的資訊不夠，就像宗教跟宗教間，彼此之間就只有隔閡；就像人如果彼此不交談的時候，總是會有隔閡。所以我們所稱的佛，它就是一個大資訊，也就是一個全知。

如果我們能夠學習一種全知的智慧，我們就會自由自在，也就是實相。不管「有」或「空」，它都是實

相。最初我在學佛的時候，不斷地從這一點上去努力，就是我們的涅槃妙心，實相無相，從這裡開始去了解真理，了解到這個宇宙的事實。然後從這個「沒有」裡面再去呈現「有」的時候，就感覺到「有」跟「沒有」是同一件事情了。

以「善」跟「惡」來說，就像一種元素，什麼加什麼等於惡，什麼加什麼等於善，我想這就是一種基因。那麼，實相裡面就是「空」的，可是你如果撞擊到什麼東西，它就有了那個念頭。所以我們要了解這個實相，就是我們宗教最大的一個根本。

每個人都需要那份圓滿的生命，愛是最大的能量與泉源。

一般在西方是把上帝當做實相，我們東方則是以這個慢慢達到真正解脫的系統，然後到達上帝跟萬有、跟人之間的緊密關係。

我們為什麼需要研究這些真理？事實上就是要啟發我們內心的自由解脫，再從這個自由解脫的生命裡面，找尋到無限生命延伸的一種愛。愛有「無所求」跟「有所求」的差別，「有所求」的愛就是要交換條件，「無所求」的愛是一直不斷地給予，而且在給予的時候，也沒有給予的感覺；這時，我們內心不但可以解脫，還能讓我們的生命不斷地在推動這個愛。

生命就是一個記憶體，當我們這個身體死掉的時候，這個記憶體會去寫另外一個生命；另外一個生命的

重生，就是今生的一個記憶體，死掉以後再去出生，再去銜接到另外一個生命體。一個想法如果是惡的、不好的，那個想法就會銜接到另外一個生命的緣，然後讓這個痛苦的事情一直發生。如果我們不斷地傳播愛跟給予這種思想跟行為的時候，我們整個生命就比較舒暢，而且成功、順利。

生命不斷地替換，在這個替換當中，我們稱它為生命管道的疏通法門。所以佛法裡的這種愛心，它是從生命最原始的觀點裡面就開始產生了；它不是因為我們的愛，是因為必須愛，才會產生物質生命的一種圓滿。每一個人都需要那份圓滿的生命，所以愛是最大的能量跟泉源。

其實，這個實相是不會變的，實相就是永恆的、普遍的，沒有一個地方不存在的東西，所以我們不是在物質上，這個實相的東西不是說我們要離開物質，也不是說這個實相是在「空」裡，在這個沒有的地方，這個實相是在「有」裡面的本質，在「空」裡面的本質。

實相裡面發出的愛，是和愛自己一樣的愛。

為什麼我們要講「實相」呢？「實相」就是講整體性的世界，也就是我們所處的這個宇宙空間，全人類、全宇宙就在同一個空間，也許你們以為這裡是中心，臺灣也是中心，沒有一個地方不是世界的中心，也就是說每一個地方都具有核心的價值。我們同一個源頭是從哪

裡來的？事實上源頭本來就存在著，是我們沒有去發現它、了解它，因為缺乏這個資訊，所以沒有辦法碰觸。

至於，「實相」是什麼呢？就是我們每一個人存在的這個空間，也就是我們靈性最原始的地方。如果找到這個實相、了解這個實相的時候，我們的生命是永恆的。實相裡面發出的愛，它是真的，不是虛偽的、造作的、欺騙的一個愛，它是和愛自己一樣的愛。

我們的實相，就是同一個體。因為同一個體，所以愛任何一個人，就是愛自己；對大自然關懷的愛、一草一木的愛、跟人的愛、跟桌椅的愛，跟這個地板的親切感，都是實相的愛，這個愛是不會褪色的。那麼，我們怎麼樣去學習這個愛？就是要認識實相。認識實相的方法，最初就要從信仰開始，了解您的信仰。就是從「有」方面了解，「有」的原意是什麼？「有」的產生，是從哪個地方的事物、觀念產生的？每一個事物是怎麼產生的？產生的後遺症是什麼？

實相，它不是「有」也不是「空」，它是「空」和「有」博大的整體，這個整體就是宇宙。這個宇宙中，每一個人或每一個事物，都是一個記憶體。宇宙的實相則是一個大的記憶體，我們則是一個小的記憶體，大大小小的記憶體通通合起來，就變成宇宙的大資訊庫，也就是一個「大智慧」。有了這個大智慧，我們彼此之間不會有所排斥，也不會有距離。在佛法的觀念，它就是整個宇宙智慧的表現，這就是實相，這就是我們為什麼

要有大愛的原因。

　　因為我們要了解靈性的真愛，所以就從物質去探討，靈性到底屬於物質嗎？如果我們在物質上一直變化，一直分裂，就是新陳代謝的經過，靈性的這個層面沒辦法找得到，所以我們就回憶，一開始出現的時候，這個知覺是不需要學習，它本來就有的東西；我們也能夠了解物質層面的東西，也能夠去探討到「空」的世界；當我們探討到「空」的世界，就接近靈性的瞭解。所以，為了瞭解靈性，也就是實相的原理，我們從「有」探討到「空」，從「空」探討到靈性，從靈性的遍滿去探討到「空」、「有」是一體兩面的東西；所以它並不單指「有」或「空」，單是「有」或「空」的話，是由我們心念的產生，所以佛教不是講「空」，而是講這個宇宙的真實、實相。

太多的堅持就變成我們不快樂的原因

　　我們的思想就是一個「抓」，抓到什麼，這個東西就把我們的靈性綁在一個地方，所以我們要能夠釋放、再釋放、大釋放，「捨」的觀念能夠做得到的時候，它就是跟靈性在一起。如果一直被綁的時候，我們就物化了。

　　這是探討存在的一種解剖觀念，第一個觀念是已知的存在，第二個觀念是已知的不存在，這是時間的關係。已知的存在跟不存在二者只是一個時間，以後的時

間可以存在、也可以不存在。可能它現在存在，它具足了存在跟不存在的兩個時間，它只是那個時間的拉長而不動。所以，佛法說這兩個時間我們內心都有。如果當我們具足肯定、否定，到最後這個東西是結合的。我並不是肯定它、更不是否定它，因為這兩種狀況都會發生，我們內心不能只肯定那個存在的狀況，因為它就是以後會不存在的。所以我不會執著哪一個觀念。

這個最重要的，就是教我們怎麼有一個自在的心，因為每一個東西一直在變，所以在變的當下，不要有太多的堅持，太多的堅持就變成了我們不快樂的原因。將這種對有的堅持跟沒有的堅持，都要有一個很平等的心念，也就是當我們人有死亡的時候，也有再生的機會。再生跟死亡這兩個是同一個東西，死亡它就是代表它的再生，那麼再生的死亡就是同一件事情。

・時　間：1999年12月3日
・地　點：南非・開普敦

千禧年的心靈挑戰
——希望在世界宗教博物館

　　1999年12月1日至8日，心道法師應邀至南非開普敦參加第三屆「CPWR世界宗教會議」。會議期間，心道法師主動、積極地向各宗教領袖推廣世界宗教博物館，引起各宗教領袖的關切與讚揚；國際宗教中心（International Interfaith Center）理事Marcus Braybrooke讚揚心道法師說：「我參加了多場討論會，只有這位佛教的法師不僅弘揚自己的宗教，還以包容與愛推至各個宗教；世界宗教博物館的成立，代表著一個宗教家偉大的情操。」

　　在千禧年的前夕，人類正要面對全球化的種種挑戰，宗教到底能為人類作些什麼？與會各宗教領袖希望以「全球倫理」為對話共識的基礎，並由心道師父代表宗教界，作為來自臺灣，獻給人類最值得禮讚的廿一世紀獻禮——世界宗教博物館。本文正是心道法師詳盡且徹底的闡述世界宗教博物館理念的代表作。

各位宗教界的朋友、各位女士、各位先生，大家好！今天很榮幸，能在各位宗教領袖們相聚的世紀盛會上，分享我對生命的感恩與宗教信仰的體驗。相信透過充分的溝通與誠懇的互動，這趟經過遙遠路程的聚會，必能豐富彼此的生命，並促使宗教界能共同攜手，朝向無距離、無隔閡、無阻礙的新時代宗教觀邁進。有史以來，宗教一直是心靈的終極依靠，現代社會科技進步、交通發達，世界瞬息萬變、息息相關，沒有人能與世隔絕不受影響。

人們對各宗教應有基本的常識與尊重。

面對人類共同的難題：生態破壞、道德低落及戰爭威脅等等，宗教界比過去更有責任扮演「和平使者」的角色，提供人類在地球上「永續生存」的價值觀。我想，人們對各宗教應有基本的常識與尊重，而「世界宗教博物館」，就在於提供大家一個宗教的知識之門，一條信仰的體驗之路，讓大家在充分瞭解，或真正感動之後，再去選擇自己所認同的宗教。

其次，現代社會裡的資訊太多、太快，生活幾乎與電腦、網路、衛星、電視等科技，形影不離；而人們又普遍不喜歡被教條約束、控管，尤其是年輕人，他們不再輕易相信什麼，內心更加不安定。

「博物館」的學習方式，提供一個不必透過教條與

儀軌，就能接觸宗教的管道，以一種沒有壓迫感，而且又活潑生動的方式，讓年輕人容易接受，並自然帶入生活中，去學習如何面對生老病死的人生，幫助他們找到心靈的歸宿及存在的意義，讓他們安定下來。我衷心希望，藉由宗教「尊重、包容、博愛」的精神洗禮，讓全球的下一代年輕人，都能成為地球的良好「世界公民」。

心道法師於南非開普敦第三屆「CPWR世界宗教會議」發表演說。

心道法師與非洲鼴鼠（Cape Mole Rat）南非開普敦桌山特有種。

每一種正信的宗教，都懷有「愛與尊重」的智慧與「世界和平」的理想。

十年以來，我們不斷徵詢各界意見，並與各宗教團體，做實際的接觸，當我向天主教、基督教、伊斯蘭教、東正教等宗教單位，或修行人請益的時候，發現每一種正信的宗教，都懷有「愛與尊重」的廣大智慧，都擁有「世界和平」的共同理想。每當我有機會，參加他們的儀式，聆聽聖樂，跟他們分享經驗時，我一樣感覺到佛的慈悲。

我相信，硬要把信仰世界分隔開來的話，就不是真正的佛法，我的認知與體驗，也將支離破碎；我想，其他宗教的先進大德們，也會深有同感。所以，我堅持不同宗教間，彼此相處上的尊重、包容與了解，這樣才有可能達到共存共融的世界和平。我也希望，這份努力背後的用心，能擴大到世界每個角落，複製愛心到每個人心裡。

我們希望，在生命不斷進行的過程中，不再彼此殘害，以全人類的角度來通盤檢討：「地球的永續經營」問題。這與佛教講「三世因果」的道理一致。如果，我們希望有更美好的生命，就必須積極去創造。有了好的互動，在未來就會產生良性的循環，成為天堂，極樂世界、美好的國度。這就是「複製愛心」的意思。

心道法師於南非開普敦桌山眺望市

在不同的宗教間，共同複製出一個愛的世界。

　　我成立「世界宗教博物館」的目的，除了希望能夠
展現各宗教的豐富燦爛，促進宗教與宗教之間的和諧
外，特別希望提供各宗教對話的具體空間，將各宗教的
愛心，聯合起來推展到全人類，在不同的宗教間，共同
複製出一個愛的世界，共創世界和平。

　　過去，不論是佛、基督或任何一位先知，對心靈的
提昇都有偉大的啟示，對生命的救贖都有深邃的奉獻，
只是人們迷失了。人們的心靈原來是美的，只要經過啟
發，那個潛藏的、本來具足的愛心就能顯現，就能發揮
它的作用與能量。宇宙充滿了神聖的愛，只要啟發就能
有收穫，就像大自然裡，只要有空氣、陽光和水，不論
早晚都有生物在孕育成長。

　　「世界宗教博物館」成立的最大目的，是促進各宗教的共存、共融而發起的。若將宗教與生命科技「基因複製」的觀念相比擬，我們所做的，正是「基因複製基因、愛心複製愛心」的工作，以激勵人們善用生命，傳播愛心，創造美好的生命歷程，傳遞真善美的人間經驗。事實上，這個博物館是一套完整而實用的宗教文化，可以匯合宗教的愛，學習彼此的內涵，展現各宗教的崇高與神聖以及人類信仰系統的博大與永恆。

· 時　間：1999年12月4日
· 地　點：南非·開普敦

二十一世紀的佛教
——我的思考、體驗和期待

　　心道法師在第三屆「CPWR世界宗教會議」，會中發表「千禧年的心靈挑戰——世界宗教博物館的回應」以及「二十一世紀的佛教」兩場演講，其中「二十一世紀的佛教」演講受到世界各宗教領袖的支持與讚許，與十四世達賴喇嘛、南非前總統曼德拉的演講，同時被譽為此次會議三大重要演講。

　　12月8日，大會閉幕日，心道法師代表四百位宗教領袖上臺，向大會四位主席獻花並致詞，這是大會對心道法師的推崇與肯定，更是靈鷲山佛教教團走向世界、走向全球的重要里程碑。心道法師也以他宗教家慈悲的情懷和睿智的眼光，提出佛教在二十一世紀可以做出何種努力與貢獻的看法。

南非開普敦桌山。

各位宗教界的朋友、各位女士先生，阿彌陀佛！大家平安、吉祥：

一、前言

因為擁有宗教的愛，使得這份力量讓我們在這裡相見；因為擁有心靈的家，所以能在這裡彼此分享。讓我們來共同關心新的世紀，為這新世紀打拼，共同創造愛的世紀，讓所有的傷害都得到治療與幫助。

我常常思索，宗教在下一個世紀的意義是什麼？特別是科技和經濟已經將世界縮小成一個地球村甚至可以說是一個地球「家」的時候、在這個人類精神道德低潮的時代，宗教和社會的關係是什麼？我們和別人的關係又會是怎樣？

在我居住的地方臺灣，不久前，9月21日凌晨1點47分，在一陣狂烈劇震搖動後，臺灣的中部就倒塌了八萬多棟房屋，傷亡慘重，受損的災民高達三十多萬人。

傳播媒體在這時候產生了正面的效用，不斷地以各種文字、畫面，呼籲全民共同協助重建家園。透過電視看到這種悲慘情景的人，紛紛開著汽車裝上救濟物資前往災區，把交通都癱瘓了。

陌生的人們在災區互相扶持，世界各國的救難隊伍也主動地隔著半個地球飛來。人救濟我、我救濟人，大家熱淚滿面，臺灣人民從未有過這樣的經驗，以致於不少人後來改變了對人生的看法，心靈的轉變真是奇妙。

佛教在過去的歷史中，曾和許多其他宗教界、哲學界及藝術界，都能相輔相生，這些用平等與和平的方法、用關懷與包容的態度，進行交流的經驗，使佛教獲益良多。而佛教徒也更需要好好地保持這樣的態度與胸懷繼續走下去。

　　兩千五百多年前，釋迦牟尼佛在菩提樹下成道，教導人們看到這世間種種苦、無常多變、沒有永恆不變的現象。明白痛苦之所以集結的原因以及去除痛苦的方法；同時，他又從時間與空間的微妙關係，教導人們「空」與「有」的概念，了解物質與精神的變化與統一性，讓身心世界超越時空的界限，而能跟宇宙契合。此外，他更教導人們打破自我的侷限，從利益他人的生命，昇華到忘我、無我的境界。所以，佛教所說的佛，就是徹底了解宇宙人生的道理、圓滿利益眾生的覺悟者。佛陀是已經覺悟的眾生，眾生是未覺悟的佛陀。

　　學佛就是在學習一個圓滿的資訊，瞭解思想層次，達到無礙智慧的世界，來讓我們活得更好，而不是盲目的偶像崇拜。

　　以前，我曾經到美國一個黑人教會去聯誼，有位黑人朋友問我：「為什麼你們佛教要偶像崇拜？」我回答說：「佛講的真理是解空的智慧，所以我們追求的是空性、是智慧，那麼，空性，是偶像嗎？佛法中根本沒有『偶像』，你所謂的『拜偶像』，對真正的佛教徒而言，只是紀念與啟思的作用而已。」

二、我的親證

我這半生，用了一切的力量去追求佛理，用了很多的虔誠、卑下的心去追尋它，甚至用了不少的金錢去求人傳法，用各種的苦行去證悟道理、經驗道理。

經過這麼多年的時間，走過這麼多曲折的路程，到今天，我的心，越來越肯定這份佛理的存在與永恆。

我四歲離開父母，九歲加入游擊隊，從小就過著軍隊的生活；因為年紀太小，什麼也不懂，沒辦法站衛兵、扛槍，只能當個小傳令兵。

十三歲流離到臺灣，開始在軍中讀書，接觸新的知識，啟發了我的新生命。在這期間，我最喜歡中國教育家孔子的語錄，甚至很認真背誦。

接著，又遇到出家和尚引導我學佛，當時，一聽到佛教中最具慈悲願力的觀音菩薩的聖名時，就很感動的哭了，從此，我發願要像觀音菩薩一樣，救眾生的苦、度世間的難。

從殘破的家庭走到戰亂的環境，看到人們生命的脆弱；從東南亞到臺灣，接觸到生命和世界的各種無常與變化，再從我接觸的各種信仰思想等等，不斷地思考，什麼是我要找的？一直想想想！我就這樣一路想下來，想到內心十分地負擔。

慢慢地，我覺悟到不要只是空想，而應該真正的走入人生；將過去所有想不通的地方，在這裡找到印證，

找到出路。

　　於是我就離開軍隊，開始歷練各種的生活，送米、演戲、做種種苦力的工作，從這裡慢慢地去觀察生命。

　　在我的修道過程中，這份體驗，就是在試煉我那份求道的心。我就從這裡面去歷練，直接走向生活，從中發現「道」，進而思考「道」的意義。

　　其間，我曾嘗試找到好老師，引領我出家，但是都找不到，一直到我的好朋友往生，我再一次體會到生命是那麼不可靠，也深刻感覺到修道的急迫性，從這裡，激發出我出家的決心。

　　為了讓這一生不白白走過，於是，我決定用全部的生命去求證。開始時，我曾經在靈骨塔、墳場及廢墟，

心道法師與全球倫理倡導人孔漢斯博士。

用十年的時間，每天禪修打坐。

從人群的生活，走向個人的獨居，首先，斷絕的是外在的資訊。那時候，心裡開始感到孤獨，有一種與世隔離的感覺。慢慢地，我在佛法中理解到，我跟人群並沒有離開過，因為，我們每個人都有一個共同體，這個共同體是誰也沒離開過誰；人群一直跟我在一起，我就克服了這種寂寞。

我閉關的墳場常有人抬著屍棺進來，家屬們哭成一團，本來我也覺得可憐，跟著他們一起哭，誰知道，當我的眼淚還沒乾時，家屬們已有說有笑地離去；還有野鳥搶食屍肉的情景，這些都讓我清清楚楚地看到：悲欣的無狀、生死的無常。

慢慢地，我從禪定中觀察自己的心，它的起伏、變化與生滅，體驗到真正與自己在一起、與天地在一起、與古今在一起的美妙，心的警覺度，也變得非常敏銳。

接著，我開始最嚴格的斷食閉關，這時已經抱定「吾不成佛誓不休」的決心，用生死下了最大的賭注。

斷食的時候，我看到了最後的自己，那麼脆弱、微弱的一個生命狀況，怎麼樣讓自己在微弱的生命裡面，去除欲望，而得到一個永恆的證悟。這時我體會到，世間每個人都會走到死亡這條路。

看世間，就是看無常，看懂了，就是結局，所以，再回過來，就是看到自己的結局。

可是我也看到一個永恆的光明，這個永恆的光明是

不變的，是有無不二的、是宇宙的實相。因為，我思故我在，我不思也在，所有假的東西會離開，連死亡都是假的，我又何所畏懼？

本想就這樣斷食下去，卻有越來越多信眾前來問法，可能是度眾的因緣已經成熟了，是自利利他的時刻到了，希望能將我體悟的法分享給人。從此，我的修道生命開始走向人群，鼓勵所有前來請求解決生命問題的人，積極地實踐生命的關懷與服務。

三、佛教因應二十一世紀應做的工作

在面臨這個地球村的時代，要提供給二十一世紀更完整的佛法資訊，我從自己的體驗和修行中瞭解，認為我們應該做好下面的工作：

（一）佛法教育的條理與實踐

佛法的經典既深且廣，光是《大藏經》就有七千多萬個字，從中衍發出來的論著更無法計算。

一般人對佛法的義理，並不是那麼容易懂，我們應該規劃出深淺不同的系統化教材，由孩子到成人，循序地理解佛法的資訊；而應用到現代，要用現代人的語言方式、現代人的生活背景、運用現代化的方式教學。尤其，網際網路已經帶來一個新的宗教時代，佛法可好好運用現代通訊媒體，做好網路弘法，讓訊息傳遞能更快接收到。

在網路信仰裡面，不會吸收到真正的實踐與感受，知識只是一個想法，要達到實踐的體驗，還是要透過教堂、寺廟或修道院。因為教堂、寺廟仍然是實際實踐的地方，是有感覺的地方。我們要用網路弘法，但不要讓網路埋沒了生命的體驗。所以教堂、寺廟的傳教士、出家人本身，還是要有實際的修行，才能讓這些地方，成為有生命體驗的地方。

（二）佛教資源的整合與開創

人類不斷地開發資源。開發後，所帶來的環境破壞及資源浪費，生活日趨物化、緊張、複雜。相同的，各宗教在面對現代社會生活模式下，也遭受同樣的威脅。

事實上，從修行的角度上來看，簡單的生活是有利於靈性的。以對生命的關懷、愛惜，取代殺生、戰爭；以對大地的尊重和感恩，取代環境的掠奪與破壞。從「捨」取代「得」，讓物質的生活少一些需求，讓靈性多一份清明的空間。

再從利益大眾的角度來看，很多佛教團體從事不同的社會服務工作，但也有不少服務的工作，沒有人去做。然而，取之社會、用之社會，我們是否能將有限的社會資源做好分配？讓需要做的事都有人去做，要幫助的人都得到幫助。這就得要開誠佈公的協調與整合了。

我們能不能設立一個超然的組織，一個無國界的佛教團體？各國之間可透過這團體，互相統合資源，例

如：佛教古蹟的修復與維護；宗教資訊的連結與分工；
各地佛教社團的互助與互補；帶領呼籲佛教徒過一個簡
化、乾淨、簡樸的，人性、睿智、包容的，符合時代的
生活。

（三）佛教思想的會通與發展

三乘佛法，在全世界雖然有其主要的發展地，但由
於地球村及資訊快速的關係，三乘佛教之間逐漸互動
了。大乘佛教，開始去學習南傳的修行法門，甚至也修
習密乘的傳承，彼此也互相學習。

在我的道場裡有一百多名的出家弟子，每年我都邀
請修行成就的人來為他們講法、教育他們正確的修行方
式。曾經，我邀請過南傳的尊者，教他們修習不同的呼
吸法；也曾邀請持戒清淨的大乘和尚，來教導他們如何
當一個真正的出家人；同時，也請來密乘的法王、仁波
切，教導他們密乘的修行次第；甚至，我們也邀請各宗
教的傳教士來山教學，分享他們的信仰生命，這些，都
是為了讓他們學習一個完整的資訊，才能在這個資訊爆
炸的時代，具足弘法的智慧，適合時代需求。

佛教思想要能全面性的了解，需要將不同派別的教
法加以融會。我們可以建立會通的機制，舉辦對話的會
議，開展佛學的交流，彼此互相講習，甚至作開放性的
論證。

目前佛教派流相當多，如果都堅持自己是最好的，

就不能更好，因為百千法門都有其長處，都有其特殊的體驗和悟道，要能夠彼此增加了解，增多接觸，增進相互的溝通與提昇。否則，對佛的資訊只能片面取用，相當可惜。

前面的準備工作做得紮實，那麼，佛教對二十一世紀的貢獻，將能發揮整體的效應。

四、佛教可以為二十一世紀做什麼？

佛法的生命觀，是對二十一世紀推出的一帖良藥

生活在地球村的時代，飛機可以讓我們花了一、兩天的時間，就從世界各地來到開普敦，將來，我們之間的溝通，也可以透過電子媒體瞬間傳述，這是現代人拉近距離很好的優勢。

但是，我們卻發現到，人與人之間，雖然可以頻繁的接觸，卻有很大的疏離感，整個資訊社會的組合，卻讓眾人之間有很強的防衛心。事實上，近來先進的企業家也有人走向「互利」的經營觀念，所謂「競合」而不是「競爭」，採取雙贏的作法，人們更應該體會到，生命共同體的觀念，追求眾生平等的安樂，實踐世界一家的和平。

前面我曾說過，每個生命都有他的記憶體，記憶體跟記憶體之間會產生很多的互動，互動得好，我們就能健康、快樂，整個生命網路就能活潑、自然。從觀念上，將我們雜亂的想法歸零、消融掉；從行為上，積極

行善，栽培優良的記憶種子，累積人跟人之間的善緣，人的生命便處處是生機，而不是走到哪裡都是死棋、行不通。

我對弟子的教法，就是讓他們學習去服務別人，實際學習而能去做，這樣，他們就能經驗、體會到生命的互動，用生命服務生命，用生命奉獻生命，所以，他們就能活得積極、樂觀而正面。

宇宙環保的觀念，必須在二十一世紀得到高度的重視。

當代科學家提出了「蝴蝶效應」的理論，正好指出了世紀的因緣下，個體與整體的關係。也許，開普敦的蝴蝶搧一搧翅膀，三個月後，臺灣就會下一場大雨了。當我們不明白宇宙的基本軌則，不瞭解生命相依、相存的意義，生命系統也就在輕忽下被摧殘，整個時空的磁場也就被弄亂了。

在佛教中有很多的戒律，告訴我們要去除內心的貪婪，過儉樸的生活。因為，只有內心對物質需求的簡約，我們才不會對大自然予取予求，開發過度。這麼說，並不是要反對科技的發展，而是一個簡樸、單純的生活態度，才更有資格享有科技的生活。

前一陣子，美國聯邦調查局向美國發出警訊，指出暴力集團，以千禧年為犯罪行動的刺激因素，將攻擊宗教、種族、聯合國等團體。雖說是預測，許多人都因此而惶惶不安了；再如全世界類似的暴力事件，接連不斷

地發生，這都說明了暴力的波動，是會讓人產生恐懼，也有它的傳染性的。這是「宇宙環保」最大的殺傷者。因此，不僅是物質環境的環保，我們還要特別注重心靈的環保，也就是，要去除我們內心的貪、瞋、癡，把這些積習已久的污染源，丟到「空性」的焚化爐；心性得到清淨的呼吸，整個宇宙生命系統，才會安定與和諧。

佛法與科學可以互為運用。

科學可以大到發展太空科技，小到研究夸克、量子，甚至基因。佛學也可以談到，如恆河沙數的銀河世界，也可講到微塵粒子。科學與佛學兩者互為運用，可以讓人類得到更大的發現與潛能。

近來發展迅速的基因工程，不斷地探索人體的奧秘。一個全球合作的「人類基因圖譜計畫」，企圖找出人類DNA的大約十萬個基因結構，（前天報紙說，人的第二十二對染色體已經解碼）這將使人類對基因的瞭解，有突破性的發展。

在我接受到科學家對基因的研究理論時，反應在我的修行體驗中，我理解到：基因理論也可以印證到心識作用的記憶體。基因異常，會引發生理的疾病；同樣的，心識產生惡性的記憶，也會錯亂生命的資訊系統，這就是為什麼有些催眠療法、心靈治療，要患者回到當初的記憶時刻，去放下那個記憶，讓它歸零，而還原一個完整的訊息。

如今，人類已經開始從科技的角度探索心靈，這些研究或許可以創造出更多的發明，但是，如果缺乏了一個元素，這些機械性的發明，將會帶給人更多的空虛與憂慮。這個元素就是「慈悲」，也就是其他宗教講的「博愛」。只有這個元素的加入，我們才會回歸到人性的接觸，才不會忘記人之所以為人的原因。所以，佛法與科學做良性的互動，應該能夠突破我們有限的心識，所造成的混亂和盲點。

最後，我想佛教在下一世紀最要努力的，就是與各宗教做實質的交流，創造共存、共融的宗教空間。

近幾年來，我的道場有各國的傳教士來訪，從他們有些人身上，我一樣看到了相同於佛陀的慈悲和智慧的展現，彼此能夠融洽的交往、和樂相處；這給我留下了極深的印象。

從我的修行經驗裡，我發現到，真理既然是無所不在，那麼從任何一個角度都能切入。因此，我們透過宗教交流的學習，由知道到達真理的全方位資訊，而選擇適合自己的道路，確認自己與別人的方位，也就可以排除不必要的紛爭，互相包容了。

宗教學者漢斯‧孔恩（Hans Kung）說道：「不同宗教信仰未能和平相處之前，世界和平是不可能的。」我自身也不斷地致力於宗教之間的交流與學習，同時，在臺灣籌設一座世界宗教博物館，希望能將各宗教的愛心都放在這個博物館，集合成一個善的空間，讓大家在這

裡得到愛的種子、善的記憶、尊重生命，進而提升性靈
的實踐。

　　以上，是我個人在佛法上的體驗，以及對二十一世
紀的期盼。

　　中國的聖人傳訓中說，「有朋自遠方來，不亦樂
乎！」今天特別要感謝大會給我這個機會，感謝各位宗
教領航者的參與和印證，希望大家能給予珍貴的建議。
尤其，是「世界宗教博物館」將在西元2000年12月開
館，我們期待各位能共赴盛會，蒞臨指導。

　　謝謝各位！

哈佛大學世界宗教研究中心主任蘇利文教授。

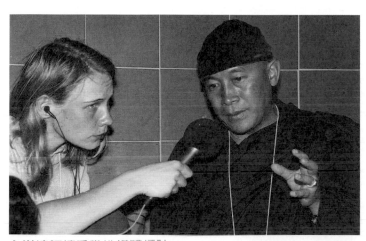

心道法師接受當地媒體採訪。

心道法師於世界宗教博物館推廣區向當地媒體介紹博物館。

千禧年的挑戰

（2000～2003年）

　　全球化的前提，必須建立尊重、包容、博愛的共識：沒有包容的心就會產生對立，沒有尊重的心就沒有良好的互動循環，沒有博愛的心就不可能有共識。唯有以「尊重、包容、博愛」的心，來進行愛與和平地球家的志業，才能真正引導世界的發展。

如何轉化衝突

　　2000年8月28日，「千禧年世界宗教領袖和平高峰會議」假聯合國紐約總部正式開幕。在全球媒體注目下，全世界的宗教領袖共同簽署了「包容與無暴力承諾」和平宣言，承諾終止宗教暴力與衝突、消滅貧窮、解決環境破壞問題、廢除核武與尊重人權。

　　這次會議是聯合國成立五十五年以來，首次有來自全球各大宗教領袖齊聚一堂，一同為世界和平的議題貢獻智慧與經驗。心道法師此次以世界宗教博物館創辦人身份受邀，並發表以〈如何轉化衝突〉為主題的演說，同時朗誦了獻給世界和平的祈禱文。

我親愛的兄弟姊妹們，本人深感榮幸，能夠與諸位相聚於千禧年的「世界和平高峰會議」，並就〈如何轉化衝突〉此一主題作演說。身為一位佛教僧侶，內心與外在和平的獲得，是吾人所有修行之根本。

我個人相信，唯有當我們學會了去建立一個以和諧共存為基礎，同時也尊重了解不同傳統的文化時，方能實現將人類團結一起的目標。

這個時代，寬容與尊重的需求程度，達到空前強烈的地步。

引發戰爭的原因很多，有些戰爭根源於經濟與政治因素。爭執之關鍵，是因為相異又不能相容，不同的族群、宗教與民族，無法友好共享生活在一起。在過去，族群團體想要離群索居，同時能完整保留自身的傳統，比起現在要容易多了。但是，這種情況越來越難在今日的現實中落實。這個時代，我們彼此相互關聯，同時，彼此間的聯繫日益緊密，寬容與尊重的需求程度，達到空前強烈的地步。

現代戰爭的現實情勢，使得更多的權力集中在有辦法獲得高度摧毀能力武器者的手中。為了對抗這些危難，我們必須著手創辦一個全球性、教育性的運動，以「所有人皆為我摯親」的理念作基礎，建立一個寬容與尊重兼具的文化。

增進對其他宗教的了解，將會加強對自身信仰的欣賞、珍惜之情。

　　這份認知，就是引導我創立「世界宗教博物館」的動力。有些人害怕一旦去接觸或了解其它宗教的傳統，就可能威脅到自身的宗教傳統。而事實上，增進對其他宗教的了解，將會加強對自身信仰的欣賞、珍惜之情。讓世人都能理解不同宗教間的相異之處，同時也能珍惜共同的精神渴望，各宗教對意義、目的與啟發的追尋，有各種不同的表達方式，而每一種方式，都有他獨特觀點，蘊藏於每一種傳統中的美麗與靈性，都應被認可。

　　「世界宗教博物館」創造人類精神上追求的相同因素，尊重彼此相異之處。共同慶祝各個信仰傳統來表達生命旅程——由出生、步向成長、婚姻、到成年、老年、死亡到超越生命的經驗，涵括廣泛又富教育性。我們的目標是：要把寬容、和平與博愛這個重要的訊息，傳達給全球的人們。

　　我的夢想是：幫助年幼的佛教徒，去體驗那些在猶太教、基督教、伊斯蘭教、印度教與其他偉大宗教傳統中的美麗與靈性；同時，也協助那些屬於不同宗教的年輕信徒們，來探索與欣賞佛教獨特的一面。促進世界和平，就像「地球家」，而我們都是成員之一。

　　現在是全體人類共同積極、真誠地展開行動促進和平的時候了，千禧年的「世界和平高峰會議」乃是一個衝突的轉換點，我祈求我們今日在此的努力，在日後能

帶動出許多具體的活動，藉由共同的參與，有更好的機會為全體人類帶來幸福。

我要將代表世界宗教博物館的神聖哈達，敬獻給我們這次參加和平會議的所有的宗教領袖，還有辛苦的工作人員，也敬獻給最高智慧的聯合國秘書長安南先生，願此哈達帶給大家幸福快樂。

今天我們能夠在這個重要的場合相聚，每個人帶著自己的文化與信仰，讓我們在這個地球村裡面，如兄弟姊妹般的互相認識，同心協力地為全人類的明日做更美好的努力。在祝福我們共同的理想實現之前，我也想提醒兄弟姊妹們，這個地方，不僅是站在臺上讓大家更瞭解我們的信仰，更重要的是在這幾天的接觸當中，能夠消除、突破語言、國界、文化上的障礙，讓我們能代表各自的信徒先拆掉界線，把彼此間的牆打開，然後交談、溝通，踏出永恆和諧的第一步！這是我在祈禱前一點點的想法，以下即是我獻給世界和平的祈禱文：

心道法師於聯合國總部參加「千禧年世界宗教領袖和平高峰會議」的情形。

印地安酋長特別贈送象徵酋長神聖地位的老鷹羽毛帽子予心道法師，此酋長帽目前收藏於世界宗教博物館。

世界和平祈禱文

為了完成對生命意義的明白、對生命價值的奉獻，我們發現宗教是人類心靈的源流。心意識的無常與生命的無常，乃是世人共通的歷程。

為了認清世間的真相，必須成長我們心靈的空間。我對真理的了解是無法用言語來敘說的。

只有用愛及真誠的行動來實踐真理、趨向永恆！

我願以至上的心，祈求——

全世界為這份「愛與和平」的至高理想而獻身的人們，勇於堅持並團結一致；

我願祈求——

全世界無依無靠、稚幼可憫的孤兒，都能得到社會溫暖的照顧和國家的栽培；

我願祈求——

戰爭的不義，在全球具足人性的人權機構努力之下，和平化解，人們得以免除殺戮的恐懼；

我願祈求——

因為貪婪愚昧而過度傷害大地的一切作為，能夠終止，不再威脅地球的生機。創造人們共同的地球家，擁有美好的人文生態世界。

我願以——

智慧的梵音，成就人們心中所有的希望！

唵嘛呢唄咪吽

心道法師於「千禧年世界宗教領袖和平高峰會議」上為世界祈禱。

如何創造一個
寬容與理解的宗教文化

　　2000年9月1日至7日，心道法師於參加聯合國的
「千禧年世界宗教領袖和平高峰會議」後，停留紐
約，繼續從事宗教交流活動。9月7日，應紐約宗教
交流中心之邀，發表〈如何創造一個寬容與理解的
宗教文化〉為題的公開演說。心道法師從自己的修
行體驗出發，談到世界宗教博物館的理念與實踐，
並期許用「寬容與理解」來創造一個「愛與和平」
的新世界，獲得與會者相當熱烈的支持與肯定。

心道法師於紐約宗
教交流中心發表演
說。

千禧年的挑戰

今天的主題是從我個人的經驗，談〈如何創造一個寬容與理解的宗教文化〉，並介紹來自臺灣的自己，從禪修、閉關、群眾，到成立博物館、宗教交流的過程。

相信今天各位來到這兒，一定也好奇於這些答案，以我個人的修行歷程提供一些訊息供大家參考。基本上可以分作三個階段：探討真理、發現真理、實踐真理。

探討真理：墳場閉關、斷食閉關的經驗

從破碎的家庭到戰亂的時代，看到無常的世界和脆弱的生命；從緬甸到臺灣，體驗各種人事物的變化，到臺灣以後，又接觸到的民間信仰、道教、儒家思想等等，我思考「什麼是我要找的？」終於覺悟到不要只是空想，應該真正走入人生，找到印證，尋求解脫之道。

我希望今生不白過，下定決心用全部的生命去求證真理。

開始，我借了一戶人家的蘭花園閉關，接著十年多，到破廟、靈骨塔、墳場以及廢墟，每天禪修十幾個小時，再用二年，在無人的山洞，進行斷食閉關。

我在佛法中理解到，每個人的生命都是一個「共同體」，這個「共同體」，誰也沒離開過誰，人群一直跟我在一起，所以我就克服了孤獨和恐懼的痛苦。

斷食期間，我用生死來賭注，抱定「吾不成佛誓不休」的決心。看到生死邊緣的自己，那麼脆弱，看到世

間每個人都會走到死亡這條路，看世間就是看無常，看懂了，也同時看到一個永恆的光明，這個永恆的東西，就像水流一樣恆常不斷，也像燈火明明朗朗。

發現真理：從現象看到幻化的無常、從自心看到不變的空性，充分運用完整的資訊成為真實利益的能量。

當找回自己本來的面目，還必須在每個因緣當下去印證，圓滿每一個接觸點，越來越多的信眾前來問法，可能是度眾的因緣到了，我希望能將我體悟的法分享給眾人，用這份體悟去幫助眾生離苦得樂。從此，我的修道生命開始積極地走向人群，實踐生命的關懷與服務。

實踐真理：無緣大慈、同體大悲、永恆、不變、普遍。

因為靈魂是永恆的，所以有因果、有基因遺傳、有記憶；因為空性不變，所以沒有一個主宰者，沒有一個「我」；因為心念的普遍性，緣有多少，成就就有多大。我於十年前提出世界宗教博物館的構想，也就是希望讓全球的宗教，共同呈現不同的面貌，完成一個宇宙智慧的資料庫。

我來自臺灣靈鷲山無生道場，並以「世界宗教博物館」做為整個教團所致力的社會工作，所推動的主要理念是：

1.**尊重每一個信仰** —— 從宗教交流做起，化解宗教之間因為不瞭解而產生的誤解和衝突。

2.**包容每一個族群**——包容人類紅黃黑白各種族、文化、傳統，讓世界成為一個「地球家」。

3.**博愛每一個生命**——對人文生態、自然環境都能善加保護，維護地球的永續生存和生機。

世界宗教博物館將是屬於全人類的聚會所，讓人們談談個人宗教經驗、信仰生活，在其他宗教裡找到哪些相同的意義和價值，或是欣賞彼此相異之處；尤其是讓沒有信仰的人，來到這裡，能看到信仰的光芒，感受到宗教的力量。讓大家在充分的瞭解或真正的感動後，再去選擇自己所認同的宗教。

用「寬容與理解」來創造一個「愛與和平」的新世界。

博物館的學習，是以一種沒有壓迫感而活潑生動的方式，讓年輕人容易接受，自然而然地帶入生活中；同時要學習如何面對生老病死的人生，幫助他們找到心靈的歸宿、存在的意義，讓他們安定下來。

十年以來，我們不斷徵詢各界意見，並與各宗教團體實際的接觸，當我向天主教、基督教、回教、東正教等宗教團體或修行人請益時，發現每一種正信的宗教，都懷有「愛與尊重」的廣大智慧，都擁有「世界和平」的共同理想。

如同這次聯合國「千禧年世界宗教領袖和平高峰會議」所提，政治無法解決的問題用宗教的心靈力量來解決，這也是我建設世界宗教博物館的主要目標。它是真

正在推動一條愛跟和平之路，並不是空談，而是已經開
始在推動、實踐這個和平工作。

紐約市景。

愛、和平、地球家的未來
——展望一個靈性全球化的時代

　　2003年7月27日至8月2日，心道法師應邀參與泰國清邁西北大學（Payap University）所舉辦之「宗教與全球化」國際學術研討會。會議從全球化所引發的人類社會現狀及處境出發，提倡一個根源於宗教及靈性觀點的整體思維，並彰顯出紮根於不同文化社會環境的積極發聲、回應與行動。

　　心道法師於首場研討會中發表以〈愛、和平、地球家的未來——展望一個靈性全球化的時代〉為題的演說。師父在演說中強調，靈性價值的全球化須先於物質價值的選擇，並應建立一個「地球家的世界觀」，讓靈性回歸帶動全球化進程。

主辦單位、各位學者專家以及在座的各位朋友們，大家午安：

　　我很榮幸能與來自世界各地學術界的你們，共同釐清許多關鍵性的問題。

　　時代性的靈性教育與普世性的服務志業，正在各宗

教中蓬勃興起，努力回應許多全球發展上的共同課題，希望能對全球社會的未來有所奉獻。

尤其文明的發展，往往在現代化進程中，不斷邁向分化的路徑：不同國家、區域、族群乃至宗教間，因「本位主義」而產生的爭戰，常造成彼此的衝突仇恨。這是人類文明沉重的悲哀，我們必須集結宗教的力量，從宗教與靈性的本質出發，思維、釐清人類在現代社會所面對的困境與盲點，共創未來前景。

一、全球化的隱憂與機遇

對全球化現代發展，我們應迫切正視以下問題：

（一）貧富差距與世界兩極化

我們必須明白，貧窮與富有、就業與失業的差距，將使世界價值被扭曲得更極端。

（二）科技濫用與人類災難

科技發展雖使人類物質生活改善，付出的代價也難以想像。尤其，當被極端者製造恐怖活動時，更將導致地球加速毀滅。

（三）自然資源消耗與生態危機

資源消耗與生態破壞，是應重視的生存問題。大自然和我們是息息相關的，全球性的生態轉變，影響了每個生命，變成地球整體危機，這是無法逃避與漠視！地球的平安，是整體人類的共同責任！

（四）衝突與全球化危機

　　戰爭、環保等任何危機，都源自於人的貪欲私心，與國家、種族、生態的衝突環環相扣。因此，宗教在人心引導上，責無旁貸！我們應站在一個轉化人心的角度，來化解衝突，扭轉全球的難題。

　　全球化的前提，必須建立尊重、包容、博愛的共識；沒有包容的心就會產生對立，沒有尊重的心就沒有良好的互動循環，沒有博愛的心就不可能有共識。唯有以「尊重、包容、博愛」的心，來進行愛與和平地球家的志業，才能真正引導世界的發展。

　　現有的資本文明發展，無形中形塑出一種過度重視感官的文化，重視感官刺激成為一種流行。對此，我相信，傳統宗教文化所孕育的沉靜優雅氣息，可以調合現代與傳統的差異，讓全球化的進程朝較好的方向邁進。

　　所以，宗教在未來世紀所擔任的角色，是在解決衝突與問題。這是一個各領域思想互相流通影響的時代，我們可以學習不同宗教的共同本質，以禪修、祈禱、靜坐、冥想等方式，開發包容寬恕的心，學習去面對、轉化所有的衝突。

　　在此，我要特別標舉世界各地原住民的生活價值與態度，長期以來，他們運用自身獨特的技術和知識來適應周遭的生活環境。例如，在沙漠中，他們發展了無需灌溉系統的農業文化；而居住在太平洋中的原住民，早

已熟悉利用水流知識和週期性的漲退潮往返於各個島嶼之間；在南美亞馬遜雨林的原住民可以精確掌握各種植物的特性，藉此進行醫療和祭祀活動而不傷害到當地脆弱的生態系統。

這些自成體系、遠源流傳於部落社會的傳統知識，可以說是回應了人和自然之間的神聖關係。但是，很可惜的，這些珍貴的傳統精神在西方科學家的眼中，常常是蠻荒世界和落後的象徵。很少人真正體會，大量且寶貴的傳統知識和技術正無聲無息地消失當中，這些知識試圖傳達人和自然的和諧關係、親密聯繫，展露相依相存的世界觀，我們若輕忽它的價值，是非常可惜的。

因此，我由衷地希望，我們可以重新檢視原住民的精神文化與生活方式，從中學習「萬物一體」的智慧，從而建立一種「地球家的世界觀」。讓人和人之間、人和自然之間，可以達成真正的聯繫。

二、靈性回歸帶動全球化進程

「地球家的世界觀」是建立在靈性價值的實踐上，全球化的世界文明，必須奠基於靈性價值的實踐。近年來，國際社會上不斷地提出「全球倫理」的重要性，我認為，這是迫切且必要的。因為資訊的快速傳遞，促使全球資訊越來越龐大，我們很需要有一些共同性的規約，來回應不同文化及族群相互碰撞之後的問題。這樣的共同生活規約，就是一種道德，就是彼此相處的一種

尊重，以此維持社會與整個世界的秩序安定。

而全球倫理的建立，必須建立在靈性價值的基礎上，不管什麼宗教，若是回歸到靈性基礎上時，都是強調愛心、和平與尊重的，它會引發人人內在的清靜與覺醒，由此帶動人和人之間的關懷與善意。

在世界文明發展到全球化的快速變動時代後，我們反而更需要回歸內在不變的靈性覺醒力量。那是生命安立的終極所在，也是落實生活的依歸。而我相信，唯有以「靈性價值」帶動「生命關懷」的實踐，才能引領全球化的進程，落實善行與慈悲的全球化。

三、體驗與呼籲：來自佛教觀點的生活實踐原則

我想再度提出去年在馬來西亞（註：第二場回佛對談中）曾提出的分享，這是來自佛教觀點的實踐心得，而我相信，這樣的觀念將可以轉化全球化的困境：

（1）回歸自然簡樸的生活。

（2）以「無我」的觀照，放下各種執著、煩惱。

（3）以慈悲的態度，尊重並愛護一切生命。

（4）圓滿生命共同體，讓生命相依相存、和諧共存。

四、交流、對話、共存共榮

從追求真理的信念來說，每一個宗教的本質都是一

樣的，並沒有差距，只是有時為了競爭資源的關係、爭
取教徒的關係，反而產生一些摩擦跟敵意，而這是我們
所不願見到的結果。

我們希望帶動一種交流、對話及共存共榮的精神，
讓各種宗教能夠相互對話，彼此合作，從共同追求的終
極關懷出發，讓宗教來提供人道關懷的精神與終極價值
的依歸，引領人類社會的未來發展。

如何讓全球化時代的宗教，扮演提供及分享所有善
良與美好的角色，是我最深的祈願企盼，希望靈性的全
球化，會引領一個充滿愛與和平的地球家未來。

很高興在此能與大家共同釐清「全球化」關鍵性的
許多問題，這是一個很好的開始，希望從學術到宗教、
從理論到實踐、從理念到行動，我們可以整合很多力量
一起落實地球家的未來，讓生命相互依存的能量發揮出
來，成就全球化時代中真正圓滿、真正無礙的生命共同
體！我想這是這場學術會議的最大意義，也是最無上的
智慧與慈悲。

宗教對談對和平的貢獻

　　2003年9月5日至10日心道法師以「愛與和平地球家」（GFLP）創辦人身份受邀於聯合國總部召開的第55屆NGO（非政府組織）年會，並發表〈宗教對談對和平的貢獻〉的演說。心道法師在問答中開示道：「我是戰爭下的一個產品，如何消除戰爭的痛苦，是我一直想要推動的。我以前曾經想有一個想法和衝動，是不是用戰爭去創造和平，讓他們不再打，後來才知道這是不可能的。戰爭不可能帶來和平，只有推動最大的和平才能解決最大的衝突！」

　　因此在這篇演說中他強調，通過提倡和平教育和推動宗教對話是促成世界和平的重要方法，而個人心靈和平的實踐，也是在推動和平過程中不能忽視的一環。

心道法師首次以GFLP（愛與和平地球家）創辦人名義，參與聯合國NGO會議。

千禧年的挑戰

再回到聯合國，這個宣示世界和平理想的最高殿堂，心中非常的感激，更對各位長久以來，不畏艱難努力維護的信念及偉大的理想，感到非常的佩服。

聯合國的成立，是歷史中少數透過國際合作的一個成功見證，象徵人類在推動世界和平與國際安全的重大突破，有助於解決社會、經濟、文化、人類、獨立等國際問題。然而，要做好這樣一個困難的任務，必須要透視問題的本質，徹底反省為什麼世界上不和平？造成不和平的問題癥結是什麼？軍備預算往往象徵著國際社會的私心與不信任，是造成衝突戰爭的一個潛在危機，無形中更為地球的生機埋下了地雷！當人們努力追求和平時，必須重視掩藏在軍備預算數字後面的危機，它是一個苦難的循環。目前世界籠罩著不安的壓力，我們可否重新反省戰爭的代價，引導世界創造和平的基本條件，其中主要的條件來自國際釋放關懷的程度。

1983年在芝加哥所舉辦的世界宗教會議，已經達成的共識：「宗教必須加強認識與對話，並且宗教在和平的社會一體的奉獻更是積極的責任。」而我在臺灣的經驗，即是世界宗教博物館的籌備工作。

這兩年來，我嘗試舉辦一系列的「回佛對談」，創造宗教間的互相理解，交換經驗的機會，把自己熟悉的宗教理解開放出來。發現作這件事情，最大的意義，是從內心的徹底轉變，透過理解和包容建立友誼，促進合作的共識。這樣的對談所產生的良性效應是無限的。

和平教育是人類急迫需要的，我想如果成立一所
「世界宗教和平大學」，宣揚各宗教的傳統智慧，便能
引導人類和平相處之道。讓年輕人真正地加入實踐和平
的行列，對於防止世界危機，應該是更積極的方法。

　　宗教的對話基礎是在尊重、包容，共同創造博愛。
很多宗教交流與對話的團體或學者，常常認為宗教對話
的目的，就是透過比較教義的一個差異性，來澄清不同
的宗教之間的同異，這是不足的。宗教對話的可貴在
於，超越宗教本位的一種接觸態度，某一方面先降低教
義詮釋的色彩，才能進入真正謙虛的互動。這是我深刻
體驗到的。

　　宗教對話的目的，是地球的危機與平安，從地球整
體利益出發，把對話的主旨放在人們共同的利益和地球
的危機上。這樣的一個對話基礎，是容易找到共識的。

　　顯而易見的，人類的危機有各種政治的衝突與戰
爭、貧富的差距、生態的危機、科技的濫用以及核武的
擴張，背後都有自私的動機。這是宗教對話的焦點，外
面世界的不平安，反映人心的不平安。如果宗教要適時
扮演和平的帶領者，就必須引導和平的心。

　　因此，長久以來人類追求內在的平安與個人修行的
一個體驗，事實上也是投入世界和平的具體實踐者。我
們應該重新重視心靈和平的實踐。

　　禪修、沉思、靜觀和內心的管理，這些個人修練層
次的努力，是外在世界的縮影。宗教發揮的心靈力量，

才是真正解決社會問題、國家衝突以及生態破壞的根本之道。在我們宗教對話經驗中,要跨越語言的隔閡與謬誤,唯有真誠的、純潔的靈性,才是最佳的對話工具。

今天聚會是我個人的一個體驗與祝福,嘗試透過禪修的訓練,來超越狹窄的自我,凝聚人心和平的能量,並且希望透過各種的對話,擴大這種溝通與理解,來消除各種存在已久的隔閡,建立人們互信、互諒,互愛的基礎。

我想推動「人們思索什麼是生命的本質」,以及「如何促進和平」?

我從十五歲開始學習禪修,尋找人類根本問題的解決之道,發覺內心的平安才是真正的和平的開始,在體驗內在真正安定的同時,我也實踐於外在世界的祥和、互動,這是一體兩面的,並不是兩件事情。這意味著人們奮鬥和平的過程,內心如果不和平,所有的努力究竟都會變質的。

現在我們願意將這份體驗分享給大家,用平安禪來淨化自己、安定社會和世界和平、和平世界。讓我們現在就開始進行這個禪修的體驗吧!

和平

——傾聽與理解的地球家

　　2003年12月7日至10日，心道法師應邀出席由美國與印度宗教組織於印度德里聯合舉辦的「邁向和諧與和平文化」宗教和平高峰會。

　　此會議是2004年7月在巴塞隆納召開之第四屆「世界宗教大會」的會前會。與會者包括印度總統阿杜・卡倫（Abdul Kalam）、達賴喇嘛之外，還有近千位來自世界各地及全印度的宗教領袖、代表皆出席會議。此次會議更是印度所舉辦的第一次大型宗教會議，分別針對青少年、婦女和各種不同宗教所能扮演的角色等議題進行討論。

　　為推崇心道法師長年致力於推動世界和平與宗教交流，主辦單位特於會議中邀請心道法師擔任頒獎人。心道法師並就「和平」主題進行專題演講，強調人類靈性精神和全球倫理的可貴與重要。

各位貴賓，大家平安！感謝大家在這裡，諦造一份神聖的愛、和平的未來，更感謝我們的朋友——尊貴的塞德斯巴巴（Saidas Baha）以及主辦單位的邀請，這項的布施與奉獻之頒獎，是延續和平、神聖的一個鼓勵。

來自世界各地宗教領袖們所聚集的精神寶藏，是引領人類文明前進的能量，如果我們將這份可貴的力量作有效合作、實質連結，彼此傾聽與理解，這個世界才會是一個充滿愛與和平的「地球家」。

今天齊聚這裡的朋友，來自各種宗教及各種靈修團體，我們所聚集的精神寶藏，是引領人類文明前進的能量；但是，如果我們把這份可貴的力量，放在封閉排外、對立衝突、鞏固自我價值、否定他人的立場上，那麼這份美好的喜悅，將成為製造毀滅的痛苦，不但無辜的生命會因衝突而犧牲，自然的運行，也會因為人類的無知而擾亂了該有的次序。

現在世界需要共識，需要彼此的傾聽與理解，需要看到存在於周遭的偏見、暴力與不正義，需要有效的合作與實質的連結以及對於貧窮的照顧，我們的世界才會是一個充滿愛與和平的地球家。

我們都是這個地球家的一份子，在時空的流動中，蘊孕無限的生命變化，所以當前的要務在於——我們要去認識世界的這種美好，並用行動去實踐這種美好。

生命不是一個生、老、病、死的歷程，而是一連串

慈悲與願力的組合，如果我們用物理現象看世界，只會看到變化，看到生滅；如果我們用靈性觀念去看世界，我們會看到無時無刻的存在與綻放！

靈性的力量是支持我們邁向和平與和諧的源起，透過靈性的記憶，生命與生命交織在一起，諦結善緣，互相依存；生命的善意，會透過串連而不斷地傳遞。如果我們每個起心動念都是和平的，那麼整個環境、整個空間，就會是一個釀造和平、發酵愛心的空間。一九九三年，宗教領袖們共同研擬各大宗教「己所不欲，勿施於人」的觀念，我相信，正確的觀念終會將人的行為引導到正確的軌道上去。

心道法師受邀為大會貴賓。

　　從一八九三年在芝加哥舉行的第一次世界宗教領袖會議之後，接著一九九三年、一九九九年接續召開了第二、三次的會議，與會的宗教領袖共同研擬了符合各大宗教基本精神與核心價值的全球倫理宣言，再次重申「己所不欲，勿施於人」的觀念。我要再一次的呼籲當時的共識——建立非暴力及尊重生命的文化；建立團結且公平的經濟次序文化；建立互相包容且真誠的生活文化；建立兩性平等和夥伴關係的文化——期望「尊重、團結、包容和兩性平等」這四項宣言能夠受到重視。

　　每個宗教傳統都重視不殺、不盜、不妄、不淫的倫理價值，今日我們相聚在印度，這更是意味著我們將從古老國度的智慧裡，蘊孕充滿時代、未來的前瞻性，這是一個善循環的開始，正確的觀念將引導正確的軌道，我們唯一要做的，只是將所有的慈悲與愛心連結起來，邀請周遭的朋友，投入更深的祈禱與冥想，關懷地球的危機，保護地球，而後引導更廣大的和平實踐工作，成就人類共同的利益，願我們地球一家，彼此鼓勵、彼此祝福，攜手創造和平的願景，謝謝。

印度宗教和平高峰會
所有與會貴賓合影。

永恆與大愛

　　2003年12月14日至17日，心道法師應邀前往西班牙塞維亞（Sevilie），參加由以色列以利亞宗教交流協會所舉辦的「第一屆以利亞宗教領袖會議」。此會議之特色在於平衡學術與宗教實修，故與會人士均為世界知名的宗教學者與宗教領袖。心道法師在這場會議中，受邀擔任佛教的召集人，負責邀約大乘、小乘與金剛乘的代表；與來自日本、韓國、泰國各地的法師，於會議上歡喜相見。

　　在一場討論會上，大會從猶太教、基督教、伊斯蘭教的經典中，各取一段經文作為依據，探討「神之存在」的主題。與會學者以佛教教義中「沒有神」的觀念請教心道法師的看法，卻因時間的關係，師父無法多做闡明。然而，在會後餐敘上，心道法師延續此探討時表示：「不生不滅的真理可從『體』與『用』來看。西方的上帝是『用』，佛教強調的是『體』。我們這個身體中有意識，一切好壞、愛恨的概念都是種子，種子儲藏在意識當中，而意識是真理的一種呈現。不生不滅的生命有兩大殊勝，一個是『永恆』，一個是『大愛』。」

各位親愛的朋友們：無論你是什麼信仰，我想在此提出懇切的呼籲：地球的危機已經不容我們停滯不前，人類文明的未來需要我們即刻的努力。

來自猶太、天主、伊斯蘭、印度、基督的宗教領袖們，現在是我們坐下來、面對面，讓我們將所領會的靈性價值，幫助全球社會走出困境的關鍵時刻了。

低下頭看看你我生活週遭的處境，貧富差距、科技濫用、政治貪污以及霸權國家軍事競賽的結果，已經造成人類生存的危機。全球化的交通便利，讓我們更接近彼此。但是，國家、民族之間的爭戰，也藉全球化的方便，促使政治權威、經濟利益的較勁，產生越來越嚴重的對立。我們原本可以因為全球化的到來，欣賞多元文化所帶來的豐富和美好，但是無知的本位主義，卻讓我

第一屆以利亞宗教領袖會議。

們陷入有史以來最頻繁的衝突。這正是人類的貪欲，所引起的悲劇。

而接下來人類將何去何從？是正面循環的力量、還是惡性循環的力量，將引導世界的發展？就看身為宗教人的我們，能否扮演促進全球覺醒的重要角色。

靈性價值，生命的真諦

我自小經歷戰爭所帶來的顛沛流離，對生命垂危的無助，感受很深；所以在閉關修行的過程中，就一直在深入探討生命的真相。當我禪定得更深，就越發現：人不是只有一個物理性的身體而已，生命也並非只是一場生、老、病、死的歷程。但是現代人往往糾纏在物質現象的變化裡，把自己的身體或自己所擁有的東西，看做

各大宗教領袖一同合影合影。

生命的全部，甚至，更因為對物質生活的沉迷，產生貪婪、瞋恨、癡迷、驕傲或猜忌等等人性罪惡。我常常很感嘆，現代人因為太過重視物質價值，已經無法理解，其實人類內在的靈性，才是主導生命最大的力量。

目前，全球化的人類文明，需要依靠靈性教育，整體提升「全球意識」才行。所謂的全球意識，必須先積極培養人們認識「地球永續」存在的現實。其次，容納不同的文化，知道這個世界不只有自己，還有許多不同的文化存在；鼓勵不同文化的良性交流，讓世界和諧共處，皆是我們對地球家應有的共識。

過去我一直在全世界倡導「生命共同體」的觀念，以籌建世界宗教博物館的實質行動，推動「尊重每一個信仰、包容每一個族群、博愛每一個生命」的觀念，就是希望成就一個愛與和平的地球家。至今可以說，志同道合者愈來愈多，這也具體的實踐了全球化的共存與融合，而不是現在常見的排斥或取代。

宗教對話，帶動生命的實踐與體驗

我希望能從「宗教」本身對「靈性」追求的共通性，去帶動整體的靈性生命。否則，太過強調文化的多元性，將使下一代年輕人很容易迷失在價值多元的世界，甚至也形成價值脫序的社會；這些認知，關係著人類未來的文明抉擇，必須透過教育機制來全面落實，不能放任其自生自滅！

以利亞大學的計劃為我們做了宣示性的示範。我們很高興看到精通各個宗教傳統的學者齊聚一堂，為宗教對話與宗教理解的未來，發揮學術的貢獻。

　　但是，我想再次強調，宗教對話的層次，必須從宗教教義的層面，提升到社會關懷的層級。教義之間的討論，絕對可以促進彼此的尊重和理解，但是，如果我們不願意從靈性本質思考問題的話，那絕對是不夠的。教義詮釋的問題，光是在教內就論辯不完，更何況是不同宗教？可見，論辯並沒有辦法真正解決問題。與其強調宗教對話對於修補社會裂痕的貢獻，不如直接捐棄成見，把關心焦點轉移到「共同利益」與「共同未來」上，正視我們所面對的地球危機、文明危機，這才是當務之急！

　　宗教不是一套說得很漂亮的教義或理論，宗教的價值，在於它所帶動的真實的生命實踐與生命體驗。各位宗教領袖們！我們應該連結起來，發揮每個宗教所強調的「愛」與「包容」精神，共同合作去做利益地球未來的工作。不要忘記，宗教的本質就是在教育大眾，就是在救濟世界，這是我們責無旁貸的使命。

永續相依，我們只有一個地球

　　很可惜的，今日年輕人在學院裡所接受的宗教教育，往往停留在學術研究的層次上，沒有體驗，也沒有實踐，甚至，對真理的信仰都不見了。我必須強力批判

這個現象，因為這樣的模式，表面上看起來，好像是宗教獲得了社會的大量認同，但是實際上，當宗教的實質內涵被抽離了，剩下的只是理論和學說時，宗教只會是一個工具，不會成為人們所遵奉的價值，也不會是人們願意親身奉行的生活方式，相對來說，也就沒有辦法帶動社會的真正良性循環。

所以，建立一套奠基於「生命共同體」的「全球意識」，要靠你我的努力。我們希望藉此帶動一種潮流，讓世界所有的人，皆能跨越自我既有的疆界與隸屬，了

會後參訪Cordoba歌多華——西班牙紅宮，
此原為摩爾人殖民時期的清真寺。

解我們都共同生存在一個相互依存的地球空間，並且了解：以衝突作為對應的選擇，終究只會帶來彼此的痛苦與人類的毀滅。

讓我們透過更為密切的交流和分享，開始積極進行合作的行動，把彼此串聯成相互依存的連結系統，但這需要發自真誠的承諾。人類的未來，是否能透過宗教合作，化解危機，創造靈性文明的高峰，就看你我現在的態度，以及願意採取的回應！

我很期待看到轉機！

參訪當地清真寺。

新世紀的覺醒

（2004～2005年）

　　佛陀教示的「華嚴世界」其所彰顯內涵的就是「彼此需要，創造彼此」。所以我們的世界就像花的世界、種子的世界，是一個百千花朵一起綻放的花園，不同的生命形式就在這樣的法界中孕育無限的變化，而宗教的責任就是在轉化衝突的起因，讓慈悲和善念成為彼此真正的生命條件。

土耳其Zaman機構女子中學學生。

宗教對話
——如何看待不同宗教者

　　2004年4月25日至27日，心道法師應邀前往伊朗德黑蘭參加「摩塔哈里思想國際研討會」（World Conference of Motahari's Thought）。心道法師在首日的宗教會談中提到佛教與伊斯蘭教之間的共識，並強調宗教教育為現代社會的當務之急。最後，心道法師開示道：「由『種種』而認識真理的創造性，由『唯一』而認識真理的永恆不變，靈性的解放是生命真正的自由，真理的光是不熄滅的存在。」

　　心道法師並於大會第二天以〈宗教對話：如何看待不同宗教者〉為題發表演說，談到回教的《可蘭經》和佛教的「華嚴世界」，認為兩者間有很多共通點，都強調萬物的作用性和融合性。心道法師強調：「在這個我們相互依存的世界裡，所有不同宗教都應該努力嘗試彼此了解、對話、尊重和包容，才能成就人類永恆的幸福。」

在座的各位伊斯蘭學者、專家、朋友們，大家平安。很高興我能來到伊朗與各位結緣，更感謝主辦單位，在簽證非常困難的狀況下，邀請我們到這裡，非常的感謝。

用聆聽來融洽宗教，推動互相依存的宇宙生命。

摩塔哈里（Motahari）博士銜接宗教與時代的思想，用聆聽來融洽宗教，推動互相依存的宇宙生命，因為他犧牲的光輝，呈現了真理存在的價值。去年，世界宗教博物館與回教團體合辦了「伊斯蘭文化展」，讓臺灣的民眾有機會瞭解伊斯蘭教的信仰、文化與藝術；透過宗教、文化的交流，我們更能深入瞭解宗教的世界觀和信仰的系統，相信和摩塔哈里博士的精神是不謀而合的。

2002年，我在拜訪馬來西亞的回教大學時，校長哈善也分享了他長年推動多元文化教育的經驗，他說：「真正深入自己信仰的人，一定是寬容和平的人，也會尊重他人的信仰。」我教育年輕的佛教徒，理解宗教對話的目的，也是建立宗教之間的尊重、包容、博愛，正如我們今天的會面。

摩塔哈里博士的哲學思想，融化了人們的心靈衝突，在農業的保守以及工商的開放這個期間，宗教扮演不同的角色。摩塔哈里博士的思想，銜接了資訊時代的教育功能，具有和平引導的作用。正如他說的：「真正

的自由是靈性的自由，去除內心執著的障礙，追求完美的真理。」那麼，宗教就是這真理的窗口，是愛的現身，用來滋潤機械化的生命。

我在推動宗教博物館的過程當中，體會到《可蘭經》中所說：「阿拉有大能，正義並充滿仁慈的意義。」《可蘭經》強調宇宙的計劃性和次序，來證明真主的大能，萬物都被賦予明確的性質，這性質使每一種東西在整體中發揮作用，同時又有限度，這種對次序的強調，是伊斯蘭的宇宙觀和教育的原則之一。

這個宇宙是由靈性、智慧的花朵所組合呈現的。

這也讓我們聯想到佛教華嚴世界的智慧，華嚴世界說每一眾生都是世界，每一眾生都是智慧的，這就是「一花一世界，一葉一如來。」意思是每一靈性都有智慧，每一花朵即是世界。靈性的一切眾生都是這個世界

心道法師與思想家摩塔哈里博士像。

的智慧，這個智慧合起來就變成這個世界；一切的靈性所顯現的一切萬事萬物都是世界，每一人是世界，每一心也是世界；每一世界集合起來就變成華嚴世界。所以這個宇宙是由靈性的花朵、智慧的花朵所組合呈現的。

我們相信佛教跟伊斯蘭教有很多共識，兩個宗教都強調萬物的作用性、融合性以及不同的時空性，所以我們的世界是相互依存的，只有尊重、包容、博愛每一種眾生的存在，才會成就人類的永恆福祉。摩塔哈里博士強調正義，我們用科技、基因、武器傷害了地球，正義也將判決地球的滅亡。因此，正義是宗教的責任，讓真理存在、世界存在，保護一切的存在，這也就是宗教教育是我們當務之急的原因。

開闊的宗教可以讓知識的分歧、盲目、衝突都消除。

宗教教育的目的在延續真理的不滅，開闊的宗教教育可以傳承宗教的正確思想，導引社會倫理和諧健康，帶動良性的循環；宗教可以讓知識的分歧、盲目、衝突都消除，進一步昇華為大愛，彼此造福。

我們要認識、接受世界的多元化，必須透過宗教的

備註：摩塔哈里博士認為，在法律上創造男女的平等，不是真正的平等，家庭的、經濟的能力高，並不代表價值高，應該是扮演角色不同，這就是分工。而男性可以參與社會各種事件，女性也應該要有她的社會參與。但是，在這個阿拉伯國家對於此一想法，仍具爭議，為紀念伊朗思想家摩塔哈里遇刺身亡25年，「伊朗電視臺」主辦摩塔哈里思想研究國際會議，邀請世界各地上百位宗教哲學與政治學者參與。除伊朗現任總統及前任總統皆出席致詞之外，現場每天都有超過上千位來自伊朗各地的學者及學生與會旁聽。

教育，不斷地傳遞這項訊息，每個宗教都應該致力於培養尊重其他宗教的傳教人才，充分的實現尊重、包容、博愛的精神，這才是每一宗教都要回應時代的使命，更是我們對於智慧和真理的奉獻。這就是摩塔哈里博士所說的：「社會宗教的發展都要走向整體。」這也是我長年提倡的「愛與和平地球家」的神聖呈現。

由種種來認識真理的創造性，由唯一而認識真理的永恆不變；靈性的解放，是生命真正的自由，真理的光即是不熄滅的存在！

感謝一切，感謝大家。

心道法師（左二）參加「摩塔哈里思想國際研討會」情景。

覺醒的力量
——華嚴世界觀與全球化展望

　　2004年8月28日至29日，靈鷲山佛教基金會與中國社會科學院世界宗教研究所於北京聯合舉辦「全球化進程中的宗教文化與宗教研究」海峽兩岸學術研討會。

　　此次會議共有14位來自中國與臺灣的宗教學學者發表論文，更有140多位來自中國、臺灣、日本的學者與會。會議有三個主題，分別是：「宗教對話與宗教學術交流的時代意義」、「中西宗教信仰模式的比較」以及「宗教教育對全球倫理普世價值的作用」。

　　心道法師除致開幕詞外，亦於會中發表〈覺醒的力量：華嚴世界觀與全球化展望〉論文，從宗教的角度指出應促進全球化良性的迴圈，走向共存共榮的全球化；並強調全球化的前提，必須建立尊重、包容、博愛的共識，引導世界走向和平。

開幕致詞：

「全球化進程中的宗教文化與宗教研究」海峽兩岸學術研討會

朱秘書長、卓所長、曹副所長，各位長官、各位先進、各位與會貴賓們，大家平安吉祥！

非常感謝大家出席這次學術研討會。這也是兩岸宗教界與學術界的盛會，非常榮幸在中國社會科學院相聚，更高興，中國社科院與世界宗教博物館友好且在共識之下，一起共同合作來促進這次的學術會議，一起來造福世界的和諧。

為什麼今天我們會在這裡研討全球化與宗教發展的議題？這是因為中國一直是東方文明的母國，是最可以影響世界和平的地方，而社科院又是大中國的智囊，透過嚴謹的學術思辯，大家可以凝聚共識與智慧，一起來釐清問題的癥結，找出確實可行的方案；很感恩所有促

北京中國社會科學研究院——研討會現場。

進這次大會的因緣。

謹慎看待全球化的效應，和平共存是最高的原則。

　　全球化，是我們必須謹慎面對的潮流；全球化的現象也是兩難，一方面凸顯東西方文化的衝突與矛盾，另一方面又具有豐富的生機與動力。當我們面對全球化的時候，需要建立「地球一家」的共識與前提，瞭解天地萬物是相依相存的平衡原理，也是避免造成文化併吞、文明衝突、環境破壞的起源。

　　東西文化代表二個不同的悠久傳統，象徵地球文明的智慧成就，西方比較重視物質而理性；東方相對比較重視精神與感性，二者是可以互補、互融的。我們必須謹慎看待全球化的全面效應，和平共存是最高的原則，可以預防全球化帶來的文化失調，而共同維護地球家的人文環境，即是今天會議用心良苦的地方。這種跨越國家、種族、宗教與學術領域的全球性對話，目前正是國際相當關注的問題，也是宗教共識的平臺，需要各種持續性的行動方案。因此，今天的會議，可視為兩岸交流的經驗落實。相信在全球化的時代，這將是中國文化與全球倫理的互相輝映，促進地球和平的時刻。

會場外特設學術資源
交流專區。

專題演講：

覺醒的力量——華嚴世界觀與全球化展望

前言

面對當今世界經濟的發展與科技的日新月異，整個世界日益緊密聯繫著，我們所身處的時空急遽縮小成「地球村」，區域聯盟、國際貿易、跨國消費市場、多元文化交流、移民旅遊等活動熱絡繁複的進行著，同時科技與網際網路正主導著我們的「生活世界」，每個國家、族群均無法自外於世界而獨存。換句話說，目前的我們確實生存於「全球化」的氛圍之中。除了物質資源全球化所帶來的便利與生活品質的提升外，資訊傳遞的快速、多元管道，使人們的視野不再僅侷限於一地，不再以單一、唯一思維看待所處的生存環境，全球化讓人們打破過去二元對立、絕對主義的框架，邁向一個新紀元、新世界。

然而，全球化卻也帶來危機與挑戰。

全球化的隱憂與機遇

首先，經濟全球化的結果，造成世界各國貧富差距的不斷加大，目前，世界上最富有的20個國家的個人平均收入，已經遠比最貧窮的20個國家高出37倍；其中，科技的發展是經濟發展的動力，但科技高度發展的結果

也帶來科技濫用，像是戰爭時所使用的核子彈或是鈾彈，乃是損害人類健康及生態環境的兇手，不止帶來地殼下陷、物種滅絕、基因病變、以及水土污染等現象，長久下來，更會造成自然資源過度消耗和生態環境過度破壞，諸如熱帶雨林以及喜馬拉雅山原始森林帶的大量砍伐、地球溫室效應所帶來的冰河融雪都是具體可見的嚴重問題。

其次，在文化方面，交通的便利、資訊科技的發達，讓人類進入緊密關聯與互動的全球化時代，因此，不同文化、不同種族、不同宗教、乃至不同國家所秉持的價值和立場，也將因為不斷的接觸而產生巨大的衝突。事實上，「衝突」是隨著全球化的浪潮而無限度的擴散，人類的文明及未來就在這樣無限度擴散的衝突中，產生了巨大的危機。因此，如何化解衝突，是全球化時代下的宗教所無法迴避的課題，也是必須擔當的重任。

強權國家挾恃著豐富的政治經濟資源，成為席捲全球的主流，許多弱勢國家或地區，因為文化自覺自信不足，常常面臨被瓦解或替代的危機，人們失去傳統價值觀的支持，整個社會併發許多難以想像的後遺症，種種人文環境的遽變，伴隨著自然環境的嚴重破壞，這些全球化的代價，已經是人類生存與地球平安的最主要威脅。

近十年來，世界上有非常多的民間團體乃至個人開

始意識到全球化的問題，推動了許多反全球化的運動，比方政治學家關注民族國家的主權相對弱化等議題，經濟學家關注於跨國企業經營、金融國際化對本國經濟的影響等。但是，從宗教的角度來看，並不是要片面地落入無意義、無限制的反全球化潮流裡，而是衷心地希望科技發展、物質文明的進步，能保護地球環境、保護每一個人。所以，當我們說要去號召一種「反全球化」的觀念時，其實是為了更能快速促進全球化良性的循環，也就是正向的全球化，一種全球共存共榮的全球化。

超越衝突，創造全球整體利益

身為佛教的修行人，反省與期許著良性循環之全球化的可能。二十一世紀紀元之始靈鷲山佛教教團在臺灣成立的世界宗教博物館，即是嘗試運用全球化的思維，希望創造一個全球宗教資訊的教育空間，讓所有進入到博物館的朋友們，可以體會到不同宗教在全世界的共振共鳴。因為不管是什麼宗教，都是為信仰它的人們，提供精神依歸和生活導引，所以各宗教的緣起，就正如道信禪師的法語－「百千法門，同歸方寸」，是「心」的作用，決定了各種宗教的彰顯，聯繫了「愛與和平」的示現。

從精神層面來看，整個世界就像是一個「意識網絡的連結」，也就是緣與緣、心念與心念之間的關係。假使每一個人的意識經過過濾，願意互相奉獻、互相成

就，那麼全球化的連結就會是善緣的無限延伸；但是相反的，如果人人纏繞在自我意識、自我利益的妄想裡，那整體的世界就會是一個苦果、一個衝突與痛苦的現前。載諸於各國報章文冊，國際社會上不斷爆發著各種宗教之間的暴力與衝突，不但讓許多人失去寶貴的生命，也危及整個地球的平安與和諧發展。

因此，相對於物質層面，還存在著一種屬於心靈、文化方面的全球化，能夠讓環境回復自然，讓自然生態、人文生態能夠相依相存的全球化。此種全球化可以稱為「靈性」觀點的全球化，宣導全球一家的「地球家」觀念，共同珍惜與關懷這個地球，讓人的生命在地球平安，同時也宣導相互依存的想法，站在地球是一個家庭的基點，帶動人與人、人與物之間的良性循環關係。而這種「靈性」觀點的全球化正是身為宗教人所要引導的方向。從宗教之間的和平做起，欣賞每一個宗教美麗之處，尊重每個宗教各自擁有的極具特色的教義傳統與文化生活，對信仰的緣起進行理性分析與解剖，推廣溝通和對話的重要性，讓宗教之間學會尊重彼此的差異、欣賞彼此的美好，並且團結起來，超越個別的私利，一起為促進地球的永續循環而作努力。

從禪出發，以華嚴為藍圖，以地球平安為主張

靈鷲山佛教教團在過去十年推動籌建世界宗教博物館的過程中，事實上就是在回應全球化的諸多問題，進

而強調全球化的前提必須是建立在尊重、包容、博愛的共識上。因為沒有包容的心就會產生對立，沒有尊重的心就沒有良好的互動循環，沒有博愛的心就不可能有共識。唯有以「尊重、包容、博愛」的心，來做愛與和平的地球家志業，才能真正引導世界朝向良性和諧的發展。

全球化之下的佛教教團，一改過去「出世」、「捨離」面貌，轉而以積極的「入世」與「涉入」走向，從事慈善、文化、教育、醫療等社會工作，另一方面，也以建設和平社會的目標，賦予佛經教典，或者是佛教之象徵、語言、形式以新時代意義。以世界宗教博物館的創建緣起為例，是身為佛教修行者的我在墳地十幾年苦修以及兩年山洞斷食閉關的經驗，從禪定中體悟到宇宙的實相即是佛陀所教示的「華嚴世界」，它是一種因為彼此的需要，所產生各種不同創造的呈現，也因為彼此不同的創造，而能相互共存的世界。簡而言之，佛陀教示的「華嚴世界」其所彰顯內涵的就是「彼此需要，創造彼此」。所以我們的世界就像花的世界、種子的世界，是一個百千花朵一起綻放的花園，不同的生命形式就在這樣的法界中孕育無限的變化，而宗教的責任就是在轉化衝突的起因，讓慈悲和善念成為彼此真正的生命條件。

推動全球倫理的孔漢思先生曾說過：「唯有宗教間的和平，才有世界的和平」；但我更相信：「唯有內心

和平，世界才和平」。因爲宗教若只做爲外在和平的推動者，是不足夠的。宗教在全球化時代的眞正價值，是要成爲後現代心靈安住的力量，從而解決衝突與對立問題。正因爲現在是一個各領域思想互相流通影響的時代，我們可以學習到不同宗教的本質，嘗試以禪修、祈禱、靜坐、冥想等方式，開發包容寬恕的心，學習去面對、轉化所有的衝突，藉由傳統宗教文化所孕育的沈靜優雅氣息，調合現代與傳統的差異，讓全球化的進程朝好的方向邁進。

立基東方文化，回應全球化課題

東西方因爲關注點不同所表現出來的文化傳統也互異，西方比較重視物質與理性，東方相對比較重視精神與感性，但無論關注點的差異，兩者的宗教傳統均是由其特殊的經驗所構成，它們之間有異也有同，異者是它們的特色與特殊性，同者是它們的共性和發展趨勢，這使得東西方文化可以互融、互補。所以靈鷲山佛教教團自2002年開始，先後在美國紐約、馬來西亞吉隆坡、印尼雅加達、法國巴黎、以及西班牙巴塞隆納舉辦一連串回佛對談，希望能從伊斯蘭教和佛教的溝通與合作開始，進而對全球性的問題有所回應。透過回佛對談的經驗，我們發現到伊斯蘭和佛教之間有許多很好的共識，不僅強調萬物的作用性、融合性、以及世界整存的價值，也很重視家庭倫理、宗教傳統、以及傳承的重要

性。這樣的對話經驗，的確可為「全球化」充斥著東西文化衝突的矛盾中，指引出具有豐富的生機動力，讓和平的精神成為全球化進程中的重要力量。

個人有幸得以參與許多大型的國際會議，看到許多來自不同宗教信仰背景的宗教人士、學術人士、乃至青年朋友共聚一堂，彼此研討二十一世紀的宗教，該如何回應全球化的時代課題。在這方面，國際上的共識和行動已經醞釀了很久了，有許多大型的國際組織，都紛紛規劃文化論壇、藝文展示、學術會議、乃至草根性行動，要積極的促進宗教在全球時代的使命和任務。其中以每隔五年舉辦的「世界宗教議會」的規模最大，每次會議都有五千名以上的宗教乃至各領域的領袖從世界各地前來與會。1999年我曾至南非開普敦響應當時各宗教共同簽署的《全球倫理宣言》，也於今年七月到西班牙巴塞隆納針對「水資源」、「國際難民」、「解除開發中國家外債」、以及「宗教暴力」四項議題，和許多宗教人士及學者專家交換意見。這是跨越國家、種族、宗教與學術領域的全球性對話，也是宗教共識的平臺，而這種對話交流，需要的是更多持續性的行動方案。

身為東方文化傳統中的一員，必須審慎思考並且以具體行動落實的，是如何讓身處海峽兩岸的我們，重新提振中華文化深沈的生命智慧，從儒家、道家、佛家，乃至中國回族崇尚淡泊、惜福愛物的深層修為出發，結合宗教回歸靈性、強調愛與慈悲的傳統，開創出一種由

東方文明帶動的「新現代化」動力。相信藉此可以平衡西方文明因為過度強調物質與理性，所帶來的人際疏離、生命空虛、乃至社會共同體瀕臨瓦解的危機。2004年8月28、29日在大陸北京，由臺灣靈鷲山佛教基金會與大陸中國社會科學研究院合作，共同舉辦之「全球化進程中的宗教文化與宗教研究」海峽兩岸學術研討會，即是海峽兩岸針對全球化議題以「和平共存」的最高目標和建立「地球一家」的共識前提，跨出交流行動的第一步。會議中針對全球化帶來的文化失調等現象，提出：唯有明瞭天地萬物「相依相存」的「平衡原理」，瞭解造成許多文化吞併、文明衝突、環境破壞的起源，人們才能覺醒進而共同維護地球家的人文環境。

　　總而言之，「全球化」不該被認為僅是經濟、政治的全球化，或是被認為僅是一種消費主義的、資本主義的全球化，更有一種屬於心靈、文化方面的全球化，能夠讓環境回復自然，讓各種生態相互依存的全球化；能夠在現今社會多元價值觀中找到讓人生命平安、彼此關懷的全球化。所以，宗教家與宗教學者關注的全球化議題，是對啟蒙以來的現代性精神進行反思，是對政治、經濟、文化、社會等各範疇中的衝突問題的思考，探討在全球化浪潮的衝擊下，宗教發展與全球接軌的過程中，宗教可能導致什麼？宗教應該提倡什麼？以及宗教可以避免什麼？而為了深入探究宗教發展在面對全球化的過程中順應之處與差異之處，唯有從全球化視野出發

談論宗教與文明、宗教與宗教之間的對話交流，以及宗教如何在求「同」的現代潮流中存「異」保有自己的特殊性等討論切入，透過各個領域間的探討與對話，才能逐步實現世界和平之願景。

此次「全球化進程中的宗教文化與宗教研究」研討會可視為兩岸交流的經驗落實，相信在全球化時代，這將會是中國文化與全球倫理的相互輝映，促進地球和平的時刻。祝福大家，謝謝！

再次感謝大家的無私的貢獻自己的知識與智慧！

願大家平安、喜悅、自利利他圓滿！

會後與會學者於北京中國社科院大門一同合影。

一份「傳神」的志業

——聖蹟精神的再現與活化

　　2004年10月中旬，由加拿大溫哥華的卑詩大學（University of British Columbia）與世界宗教博物館共同舉辦「佛教聖地的形成與轉化」國際學術研討會，目的是促成佛教研究者的跨科際整合，從宗教史、藝術史、宗教聖地研究、佛教文化史以及佛教貿易與外交等領域彼此對話，進而激發未來佛教研究的新方向。與會發表論文的學者包括倫敦大學漢學家Tim Barrct、哈佛大學研究禪宗與華嚴的名師Robert Gimello、耶魯大學宗教聖地研究權威的Koichi Shinohara及Phylis Granoff夫婦與現就讀於東京大學博士班的靈鷲山大田法師等22名學者。

　　心道法師於開幕時，就〈一份「傳神」的志業：聖地精神的再現與活化〉為主題發表演說。在演說中，他從對聖蹟、聖者、聖物三者一體的角度，來闡述聖蹟維護的意義與重要。

新世紀的覺醒

各位貴賓、各位學者專家以及在座的各位朋友們，大家平安！

在會議開始前，我先以一顆非常喜悅誠摯的心，感謝大家參與今天這場研討會。我知道在座諸位，都是長年深入探索佛教聖蹟的研究者，因此非常期待能在這兩天會議的過程中，聆聽、分享您們豐盛的研究成果。

做為世界宗教博物館以及「愛與和平地球家」國際非政府組織的創辦人，我曾經在2001年籌組一個「聖蹟維護委員會」，希望在令人痛心的塔利班政權「毀佛」事件之後，能夠及時喚起大家對於宗教聖蹟保護的憂患意識，進而團結宗教界、文化界、政治界、企業界與學術界，共同參與聖蹟維護與重建工作。為此，我也和其他宗教人士遍訪巴爾幹半島、非洲、東南亞、中東、南美洲、北美洲等七個地區，實地考察各地聖蹟遭受破壞的情況。2001年11月10日，世界宗教博物館正式開幕的次日，我很榮幸在臺北召開一場「全球聖蹟維護國際會議」，共有來自全球三十八個國家、一百二十位宗教領

師父於會場解說佛陀舍利。

心道法師在「佛教聖地的形成與轉化」國際學術研討會期間的活動情景。

袖及專業代表參加。並在會議中作出宣言，以此發展出具體的行動，為維護與重建全球宗教聖蹟而努力。因為聖蹟是人類智慧與文明光輝的見證，任何一個聖蹟的損毀與破壞，都會對人類的過去、現在及未來造成重大的損失。

一個聖蹟的形成，是由人、事、物、環境組合而成的。

以佛教的聖者佛陀為例，由於他本身的修行體證，他遺留下來的聖物就有佛骨、佛髮，還有佛的言論與經教。再加上聖物所在的地點與建築，烘托呈現出聖者的意境，就可以創造出一種體驗，讓參訪者感受到精神層面上的洗滌與神聖性。這種經由體驗而形成的影響力，可使朝聖人潮湧現，活絡區域經濟，甚至還能發揮到人才的培養，讓這種精神力的延續，有著由外而內、貫徹古今的作用。

今天在座的各位嘉賓，都是從學術的角度來進入聖地、瞭解聖地的形成與轉化。我認為，學術研究者就好比是一位畫師，把聖蹟形成的「年輪」細細描繪出來，畫的工夫好，就能夠「傳神」。宗教的任務，就是更進一步讓這種神髓、價值、理念活化起來，激發出人心向上、見賢思齊的動力，讓人們對聖蹟的神聖蘊涵，有著更深刻的了悟與體驗。若要聖蹟研究能夠「傳神」，必須重視聖跡所彰顯的獨特的宗教經驗，那才是整個聖蹟的核心精神。

新世紀的覺醒

在研究「聖蹟」時，還要重視「神蹟」現象。

「神蹟」的存在，是所有宗教都共有的經驗。例如天主教、基督教，有聖母與耶穌顯靈的故事以及佛教、道教的肉身不壞（道成肉身現象）事蹟。另外，在緬甸曼德勒中部有一尊佛像，常常放光，一放就是三個月，在當地是很平常的現象。放光會出現白色、藍色，或五色光。除了佛像之外，經書、舍利也會放光。緬甸人認爲放光是祥瑞的徵兆。

如何看待「神蹟」，一直是學術界的難題，但對修行者來說，卻代表虔誠與眞理合而爲一的見證，是一種殊勝的經驗啓示。因此，對「聖蹟」進行全面研究時，有需要回歸宗教體驗的本質，才能瞭解聖蹟的神聖性。

探討宗教問題時，學界與宗教界是可以相輔相成。缺乏宗教體驗的宗教研究，有時候很難深入宗教的核心，而宗教經驗缺乏理性分析，又很容易落入盲目信仰的困境。宗教與學術，都以眞理爲目的，是不是可以打破藩籬，走向合作，是一個值得期待的嶄新方向。

一位聖者的形成，必然是從艱苦的歷練中產生的。

在修行的過程中我體悟到，一位聖者的形成，必然是從艱苦的歷練中產生的。這種淬練過程會遭遇到種種挑戰，包括環境的艱苦、人事的艱苦、生理與心理的艱苦，以及逆緣的艱苦。環境的艱苦，是指必須在自己的身體與心理上都要去搏鬥，以磨練出對於惡劣環境的適

應性。人事的艱苦，指選擇修行道路的人，通常意謂他對生命做出與別人不一樣的選擇，很可能不那麼容易被家庭、同儕或大眾所接受，這會削弱你尋求真理的意志力，讓你卻步，甚至開始懷疑自己的選擇，在這個關頭上，最重要的是堅固自己的信念，不被外在的聲音所迷惑、動搖。生理與心理的艱苦指的是，在這個階段，雖然對自己的信心已經足夠，但是在追求真理的過程中，會有各種心理障礙要去突破，生理也要適應改變，才能讓身心都能安定。最後，克服了這種生理與心理的艱苦，你會覺得自己很安定，但接下來可能又會碰到不好的緣，又造成不好的環境，這就是逆緣的艱苦。逆緣的艱苦有助於深化整個修行歷程，圓融、包容、慈悲、愛心，都在逆緣的磨合中得以形成，最終能讓每個人都不是你的障礙，而是你的夥伴。因此，要觀察一個人是否成「聖」，就是看他的生活、看他對於其他人、對環境，能引發什麼樣的動力，能在什麼樣的人群事物環境中，爆發出對他的向心力，這就是他的「聖」之所在，而所有這一切的點點滴滴，就是禪的精神。

　　一位修行者必須不斷地在這幾個層面上努力，才能達到聖化的階段。然而，所謂的「聖人」，並不在於做了什麼豐功偉業或是被千萬人所崇拜，而是能夠在心性上斷除煩惱、並且在每一個好緣、壞緣中磨練自己，成為一個平實、真誠、快樂，且因此被大家所喜愛的人。

找到聖人何以成聖的「基因」，進而讓修行者透過學習與
仿效來複製基因。

在這裡，我想強調的是，聖蹟的意義不光只是外在
的空間環境、形象、與幾項所謂「聖物」的組合。更重
要的是這個聖蹟所承載的精神、價值與理念，並且如何
讓它能夠活生生地重現。因此，如何透過學術界對聖地
的研究與探討，找到聖人何以成聖的「基因」，進而讓
修行者透過學習與仿效來複製基因，活化基因，造就第
二個、第三個，甚至無數個聖人。我認為，這是聖地研
究可以延伸的意義，也是宗教與學術可以對話的空間。

深刻動人的學術成果，應該包括血肉、骨架與精
神。血肉，就是對事件內容、情境脈絡與歷史過程的深
刻描繪；骨架就是推論與方法的結構；而精神，就是我
之前所提及的神髓、理念與價值。

這次世界宗教博物館與卑詩大學亞洲研究中心的合
作，提供宗教與學術對話的良好機會。身為主辦單位之
一，我誠摯祝福亞洲研究中心能夠發揚過去佛學研究的
傳統，帶動佛教學術研究的新潮流。讓宗教本身透過學
術的嚴謹考證、論理辯析，更有力的展現出對世界的關
懷，更能夠幫助提升全人類的靈性與博愛，讓人們更深
刻地體認萬事萬物之間的相依相存性，並且創造出「愛
與和平地球家」的共同利益。

成立世界宗教博物館之後，我的下一個願景，將是
成立一個世界宗教大學的聯盟網絡。它是學術與修行的

對話平臺，也是一個推動和平教育、培育兼具學術與修行人才的根據地。這是我的理想，也希望能夠獲得大家的共鳴，並給我進一步的協助，如此一來，我們今日的聚會將能延伸出更有意義的合作的可能性。

　　身爲一位修行者，我很榮幸地可以在這爲大家致辭，但願各位能把這次的研究成果，活生生地呈現出來，讓這次的國際會議，能夠更加充實而喜悅。

　　謝謝大家。也祝福大家平安、喜悅！

師父與哈佛宗教學者Robert Gimello。

全球倫理與世界和平
——宗教的當前任務

2004年11月6日至12日，世界宗教博物館與「高登合作與和平協會（Goldin Institute for Partnership and Peace）」共同於臺北主辦「二〇〇四年夥伴城市國際會議——『靈性與生態永續：水——我們共同的根源』」。會議期間，並同時於宗教博物館內舉辦「全球倫理」特展。這篇演說針對全球倫理提出的背景做出說明，揭櫫全球倫理的四個準則，並且將全球倫理與佛教精神結合起來，希冀能通過對全球倫理的實踐，共創一個愛與和平的地球家。我們可以由此看出心道法師心心念念於「世界和平」的偉大情懷。

我和孔漢思教授是在1999年開普敦世界宗教會議認識的，在那場會議中，共同研討宗教對全球重大問題的回應，當時孔漢思先生在大會中就特別號召世界的宗教與民間領袖，一起支持、實踐全球倫理的金科玉律與四個原則，並獲得廣大的共識及支持。

　　當我們在推動全球倫理的過程中，要先意識到現代交通的便利與資訊的發達，正讓我們進入一個全球化的時代。世界各地之間的聯繫不斷加速、擴張，造成政治、經濟、社會、文化各層面的重大改變。與此同時，全球化浪潮所挾帶的各種隱憂也紛紛浮現：比方以全球貧富差距來說，我們可以看到，不管是國家內部富人與窮人生活水準的差距，還是已開發國家和第三世界國家之間的國民經濟的貧富差距，都是趨向一個富者越富、貧者越貧的侷面。

　　在這之外，由於立場和利益的衝突，世界各國不斷把大量資源與科技投注於軍備競賽和戰爭上，極可能帶來全體人類與地球的毀滅。就算大型的毀滅性戰爭尚未發生，我們也開始感受到，人類整體的生活環境面臨前所未有的威脅，比方說溫室效應引發的冰河溶解，熱帶雨林的面積迅速縮減，以及一連串氣候異常現象與物種滅絕，都是我們目前面對的生態危機。

　　因此，無論是作為宣揚普世仁愛的宗教人士，或是作為全球公民的一份子，我們都有責任和義務，在這個充滿不公平的世界、相互仇視的世界、無止境追求自我利益的世界中，為眾生開闢一條更幸福的道路。而我深刻的體會到──去面對乃至處理這些問題，這對是當今宗教的一個主要任務，我們有責任引領世界走向和平的未來。

　　正因為如此，「地球家」成為我們宗教團體的名

字。它代表人類一體共存、四海一家的精神。如果大家認同我的想法，也一定會認同全球倫理所說的金科玉律。它就是孔子所說的：「己所不欲，勿施於人」，就是聖經所說的：「你們願意人怎樣待你們，你們也要怎樣待人」。因為，我們如果傷害了別人，終究是在傷害自己。此外，全球倫理所提出的四個準則：「不殺生、不偷竊、不妄語、不邪淫」，不僅是佛教五戒的重點，更是維持個人身心與家庭健全的基礎，雖然我們從個人很細微的地方下手，但這卻可以帶動很大的社會循環。

　　地球家的願景，是立基於萬物相互依存、互攝互入的華嚴世界觀上。然而，靈性的世界觀，需要落實於倫理的基礎。用佛教的話來說，就是八正道裡的「正見」。它包括了對於空、對於無我、對於無常的知見。有了對於空苦無常的正確觀照，才有可能從我執的束縛中解脫出來。依據正見來修習禪定，就是八正道中所說的「正定」。從正定所發展出來的智慧，會讓我們體悟萬法互為依存的道理，從而推動真正共存共榮的願景。

全球倫理特展及靈鷲山茶禪表演。

　　要面對全球化的挑戰，我們需要全球倫理作為大家共同遵循的實踐準則，也需要宗教發揮智慧與慈悲的精神，把保護我們的地球當作首要職責，才能發展出人類與地球共存共榮的普世之道，成就圓融無礙的華嚴世界。這個終極目標，也正是我們舉辦這次倫理展的意義所在，願和平成為這個時代的力量！

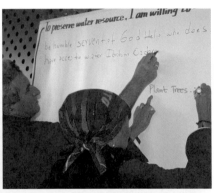

高登協會創辦人Diane Goldin 與心道法師及當時的台北市市長馬英九先生合影。

• 時　間：2004年11月7日
• 地　點：臺灣・臺北

全球水危機下的宗教

心道法師在「二〇〇四年夥伴城市國際會議『靈性與生態永續：水──我們共同的根源』」就〈全球水危機下的宗教〉發表演說，希望喚起世人對水資源教育的重視。

心道法師在演說中強調，二十一世紀，人類已面臨全球水資源危機最嚴厲的考驗，大部分的人們對水資源使用錯誤；而高度開發國家又因為偏差的價值觀濫用水資源，兩者都亟需正視教育的根本架構，才能拯救生態的危機。心道法師在下面的兩場演說中，都呼籲人們重視水在人類生活中的重要性，並重新反省人類和水之間的共生關係。

「靈性與生態永續：水──我們共同的根源」宗教論談開場致詞：

今年我們很榮幸代表臺灣的主辦單位來迎接大家，內心除了喜悅，更滿懷敬意與希望。

宗教界及民間的熱烈參與，對地主城市臺北來說，不僅具有特殊意義，這樣的國際交流活動，對世界宗教

新世紀的覺醒

博物館護持者而言，更是莫大的鼓勵，目前已經成為國際矚目的例行大事。

關於這次的活動，最要感謝的是高登協會創辦人——戴安高登女士的熱情。剛開始，我們擔心臺灣的工作籌備不及，所以婉拒過。後於今年年初，我到印度時，又遇到戴安，她再次的提到：「真的希望這塊從未發生宗教衝突，但又充滿宗教活力的寶島臺灣，能夠為宗教交流與和平帶來很好的典範。」我想，既然因緣成熟，不管時間有多緊迫，我也應該全心全力的配合。回到臺灣後，獲得的支持就更多了，尤其要感謝參與籌備工作的臺灣宗教界的朋友，因為他們的幫助，讓這次會議的精神更落實，同時也充分體現臺灣宗教界之間彼此的和諧與友誼。

當越多人回歸靈性來觀照自己的心念，也許正意味著反省是實踐的開始。

我們把這次大會的主體定為「靈性與生態永續：水——我們共同的根源」，水在自然界是最基本的生命元素，在宗教界更是意象豐富的象徵，代表潔淨、懺悔等靈性的意義。在佛教而言，萬事萬物無非是地、水、火、風、空、識等元素組合而成，它們在條件具足成熟時，經由心意識的作用產生動力，形成能量體，小至我們的身體，大至星球、甚至整個宇宙，都是這些元素生滅無常的組合。其他宗教對於水，也視為生命的基本元

素，所以當我們反省「人」與「水」的種種實際互動關係時，要從外在關係探討到內在的觀念；從物質層面解脫到精神層面，作系統性、結構性的分析，才能夠徹底深入生命的源頭、自然界的環保、人類生活品質及靈性價值等問題上。

生命的良性循環以及生態的平衡發展，只有紮根於心靈教育才能落實。世界上有著各種不同的動物、植物、山、石、河、海，乃至宗教、文化、種族、國家，都有各別存在的環境與價值，彼此之間互依互存，組合成共同的世界 —— 大地之母，擁有自己的循環系統，如果任何環節被破壞，就會讓整個大生命體的系統陷入失衡的危機。

彼此關懷、珍惜這個地球，讓人的生命在地球上平安！

我們一方面充滿危機感，一方面又看到希望，在這幾天我們可以盡量的開放討論，探討各種面向的問題與解決之道以產生共識。當越多人回歸靈性來觀照自己的心念，也許正意味著反省是實踐的開始。

過去有許多大型的國際會議，但是推動的成效與社會實踐力，還是相對不夠，國際衝突的威脅依然與時遽增，環境破壞的速度更是令人難以接受。雖然，國際上共識的行動已經醞釀許久，但是各地推動的實際成果以及全球層次上有效的發聲，更需要我們針對在地化的問題，整合政治、企業、學術、宗教這些資源去落實。

新世紀的覺醒

　　藉由Goldin Institute城市夥伴的合作模式,我們可以在世界各地宣導全球一家的觀念,推廣溝通和對話,讓各個城市連結起來,讓社會上各個領域,尤其是宗教團體之間,彼此尊重、互相欣賞,並且團結起來,一起促進地球永續循環的努力。這個工作是從心靈內在的革命開始,需要無怨無悔的投入,它能創造善的循環。這是我們共聚一堂的原因,也是目的。

　　感謝大家為和平所做的奉獻,願大會成功圓滿。

開幕祈福儀式。

全球水危機下的宗教

各位尊敬、親愛的貴賓，大家平安如意。水是地球生命的起源，也是人類生活的重要資源，不論是尼羅河流域的古埃及文明，兩河流域的巴比倫文明，或發源自長江、黃河流域的中華文化，人類文明都發源自大河流域，都離不開水。

「水」，是所有生命開始的地方。

在思考世界的創生時，古希臘哲學家泰勒斯將「水」視為萬物的本源；而古印度哲學家卡皮拉，中國古老的智慧易經和五行，都相信「水」是宇宙構成不可缺的元素；而佛教本身也認為「水」不僅是身體組合的四大成因之一，也是所有生命開始的地方。

我們生長的地球有百分之七十的海水覆蓋著，看起

心道法師與青年
義工相互加油。

來地球的「水」是非常豐沛的基本生命元素。實際上，只有百分之二點五是我們人類可以利用的淡水，以這麼稀少的比例，要應付全球六十三億使用人口的各種民生用途以及層出不窮的工業、農業的生態污染源，還要支撐整個生態的平衡，根本是不可能的事情。目前可以知道有十二億人口缺乏安全的飲用水，二十五億人缺乏衛生用水的設備，每年全球有兩百萬人口死於缺水與衛生不良的疾病，平均每天有超過一萬名以上的兒童死於水污染的疾病。

雖然水資源可以再生，但據學界可知的情況，水的資源惡化與破壞是難以恢復的。以臺灣為例，臺灣目前已經有三分之一的河川受到污染，而且還以每年廿公里的污染速度被持續擴大中。農業用的農藥等於化學污染，直接被灌溉入河川；山坡地的濫墾，導致水源地的破壞，土地失去調節蓄水的功能；大量的稻田被開發成為工業用地，這些都是都市化效應帶來的後果。

愛護水資源，已經變成人類生存的關鍵。

更令人憂心的是，當水資源嚴重缺乏的時候，人們又將陷入另一波因為爭奪水資源而發生的衝突跟威脅中，社會的問題糾纏著生態的問題，成為現在全球災難的來源。因為水的重要無法被取代，因此，愛護水資源，已經變成人類生存的關鍵。

許多宗教都認為水除了能夠洗淨人的身體靈魂上的

罪惡，也認爲透過水的潔淨，人可以從感受生命開始進而感受神聖，因此與水的對話，形成許多宗教的儀式。基督教經由受洗禮進入教會；天主教則認爲聖水具有洗滌罪惡的功能；印度教有靈魂在恆河中才能洗淨的傳統；在中國，不論是佛教、道教與民間信仰，也都肯定了水的重要性。因此，「水」可說是宗教的共同象徵。認知水的危機，整個人類無分國族、宗教、階級，只要身爲地球家的一份子，都得共同面對。而做爲宗教人的我們更必須問的是：「如何針對此一問題有著更深的省思與期許，甚至落實於行動上，才能引領著宗教與社會解決此一危機？」

當我們討論這些現象的根源時，必須回歸態度與觀念本身來加強教育。我們必須針對全球人口的增加所帶來的生態代價，提升相對應的環保知識。現在人口遠超過地球的生態負荷量，也就是說，人口多是災難的原因

宗教晨禱。

之一。如果我們沒有辦法解決人口，只有用教育來提升
環保知識，可能要制訂全球一致的環保制度與規範，不
斷地透過政府、企業、民間的有效廣告，落實到各階層
教育機構，以及傳播媒體自覺的配合，才有可能化危機
為轉機。

　　在目前的教育中，有關水的危機知識幾乎微乎其
微，無法讓人理解嚴重的後果；全球大部分的人們，在
教育不足下對水資源使用錯誤；另外，在高度開發國家
中，又因為偏差的價值觀濫用水資源；我們需要正視教
育的根本架構，學習到相關的環保知識，才能徹底扭轉
目前的劣勢，拯救生態的危機，阻止全球災難的發生。

唯有善待水，人們方可能與水共存相依。

　　我們希望讓大家瞭解，水危機的問題無法完全依賴

技術層面來解決，人們長期以控制和管理的方式去面對
此一問題，卻疏忽了人與自然的一個神聖關係，因而在
人們迷信於理性，而不停地改造環境的同時，也破壞了
人與自然的和諧關係。他們無法理解真理的世界跟宇宙
的世界其實是共生共存的，以外力去干擾大地之母的正
常循環，也讓整個系統陷入失衡，這是今日水危機深藏
於後的根源問題，唯有轉化人心的角度，才能解決人們
與自然緊張的關係。扭轉水的危機，很重要的就是靈性
的覺醒，沒有道德，就沒有辦法保護水資源，所以這種
靈性的學習，與水資源的知識學習都是非常地重要的。

　　我很喜歡印地安酋長西雅圖1853年的時候，寫給美
國政府的一封信中所提到的：「人類並不擁有大地，人
類就屬於大地，所有的生物都密不可分。」當人們開始
把水只當成一種利用物品的時候，也同時忘記了以一種

新生兒敬愛母親的態度去面對大地。水對於我們而言，其實是我們與祖先體內共同流動的一個液體，唯有善待水，人們方可能與水共存相依。

回歸人們對水的崇敬與神聖感

宗教人靈性思考，正是以信仰的力量帶動心念的正向循環，從每一個生命的開始，開展到每一個生命、每一個物種，我們相信，這才是解決問題最根本的辦法。宗教可以扮演喚醒人們對自然尊敬的角色，同時形成地球一家的觀念，這是我們最深的祈願與最大的企盼，希望藉由人心的轉變，建立一種充滿愛與和平的地球。也因此，大家看到了水的危機的時候，應該思考到一種靈性觀點的全球化，也就是一種讓環境回復自然，也讓各種生態能夠相依相存的一個全球化，這才是我們身為宗教人所要引導的方向。

這次會議的地點在世界宗教博物館，這具有很特別的意義。世界宗教博物館整個展示是以整片的水幕牆作為開始，代表身為宗教人的我們，除了呼應水為萬物的起源，更希望以此為起點，呈現開展一切神聖。因此，我們希望透過這樣的一個會議，大家更能凝聚共識，帶動回歸人們對水的崇敬與神聖感，我想這會是這場會議最大的目的，也是我們無上的智慧與慈悲，深盼我們共同凝結這種共識，來讓地球更美好，謝謝。

臺灣佛教與原始佛教的異同

　　曾數任泰國前外交部長等職的甲社・差納翁
（Mr. Krasae Chanawongse），於2005年1月時來臺
參訪世界宗教博物館和無生道場，並邀請師父於
2005年5月赴泰國坤進省呵叻地區大學商學院，演講
〈臺灣佛教與原始佛教的異同〉，該校董事長、師
生以及兩位南傳高僧、當地善信老少皆往聆聽。

　　心道法師在演說中從自己的修行體驗心得，談
到宗教博物館的成立宗旨。在論及三乘的差異時，
他更重視的是三乘的共通之處，亦即菩提心和菩薩
道的實踐，並由此延伸出多元宗教共存共榮理念的
落實。

這次的題目是從〈臺灣的佛教與原始佛教的異同〉談
起。

　　青年是社會的生力軍，是世界的新希望，能出生在
佛國，從小有機會學佛，大家都是非常地幸運的。要好
好地珍愛我們這麼珍貴而難得的生命，並且運用於學習
佛法上，來為人類做更多的福祉。

新世紀的覺醒

　　我是在二次大戰後出生於緬甸的小村莊，因為戰爭的影響，從小失去父母，沒有機會讀書，十歲跟著游擊隊到臺灣才有機會上學亦開始學佛。我很感恩，也很感慨。我在二十五歲的時候正式出家成為僧侶，進入當時臺灣最先進的一所佛光山叢林大學；從十幾歲學佛開始我就吃素，每天坐禪沒有中斷。禪修帶給我的體會比讀書更深切、快樂。出家後，每天打坐十幾個小時，不到一年就決定走向苦修、實修的路線。十多年的修行，並藉著三種環境——廢墟、墓地、山洞，讓我在這種能產生證悟的環境裡，考驗菩提心，不斷地鞭策自己去體會、證悟。

　　走出十幾年的墳墓、山洞的修行，我發願建立一個世界宗教博物館，來作為獻給新世紀人類的禮物，以提供各種心靈信仰一個成長的養分。經過十幾年的努力，在2001年的時候博物館成立，至今這份對當時被視為天方夜譚的期望，已經成為世界趨勢的一個縮影，而真正培育這個博物館產生的基點，是佛教無限的智慧心量，才能備受各宗教所推崇、認識。

　　這幾年我一直到世界各地和不同教派的人們分享「愛與和平地球家」的理念，希望促進佛教教內的和諧與共識，以及各宗教間的和平共處。今天我們就由不同的角度來認識佛法的精神全貌，和對新世紀人類的幫助與願景。

如何把涅槃成佛的種子傳承下去，這是三乘共通的。

佛法的起源是西元前六世紀，誕生在印度的釋迦牟尼，由於修行證悟眞理，爲利益眾生開始講法，佛教才出現在世間。世尊涅槃後佛法分成南傳、北傳兩大支系。

大乘和密乘佛法都講發菩提心、行菩薩道，一旦是菩薩道就特別重視如何讓人種下證悟的種子，如何把涅槃成佛的種子傳承下去，這是三乘所共通的。

以多元共生的原則，讓每一個宗教都存在。

二十一世紀的今天，在物質文明量化與速度化的取向下，經濟、科技、資訊等快速的成長，但在商業主義強勢操縱下的全球化，造成東西文化的衝擊與失衡、科技人文發展的失調，地球生態崩潰的危機，這些嚴重的後遺症是難以彌補的。尤其是價值觀的扭曲，致使人們迷失了生活的價值，不知道生命的珍貴與人身的難得，導致個人自殺率升高，社會發展失去目標。

佛教當代的課題就是如何讓佛法實修、義理與辯證整體貫通？如何讓南傳的律儀從生活、教法，到證入涅槃的實修、體驗，能夠延伸而不變質，再延伸這種弘法利生的生命，使之圓滿。各乘的儀軌、體系，代表一種傳承的力量，接引不同的眾生。主流文化要加強，重視本有主流與調和；多元文化要調和，以多元共生的原

則，讓個別都存在這個空間，以個別的教法去推廣，這是最好的。

我們能夠以宏觀看世界的問題，以微觀明白身心活動的現象，兩者是互為因果、互相作用。換言之，地球家的存亡，關乎我們每個人，大家都有責任，因此宗教信仰更有其不可忽視的力量，必須連接各界來推動世界的革新、重建全球倫理，這是人類當今最迫切的需要。

關於跨宗教的交流，我們首先要學習如何讓佛教存在，讓佛法持續。從交流中更要學習其他宗教如何用組織來弘法、用媒體來傳播；如何讓學習、信仰者能夠接受，讓佛法的空間越來越開闊。現代的科技發達，只要發動戰爭就足以摧毀地球、摧毀人類，一旦失去和平、和諧的佛化世界，我們都於心不忍。如何讓戰爭危機不發生，讓地球安全，人類都能安全，最重要的是共同學習如何跟其他宗教一起推動地球的和平。佛、法、僧三寶跟佛教徒息息相關，身為佛弟子，要祈願佛法常住不滅，讓世間更有福報來學習和諧、開悟的生命。

• 時　間：2005年9月13日
• 地　點：中國・北京

從本地風光到華嚴世界
——談靈鷲山教團文化理念與國際發展

　　2005年9月7日至15日，心道法師受邀赴北京訪問及講學，於9月13日至北京大學哲學所發表〈從本地風光到華嚴世界——談靈鷲山教團文化理念與國際發展〉為主題之演說，心道法師從全球化和科技文明所帶來的危機作為立論起點，暢談靈鷲山佛教教團在當代無可迴避的責任及使命，得到北大師生的積極回應與肯定，這次的演說，也為宗教對話講座系列在中國其後的發展奠立良好的基礎。

樓所長，各位法師、各位朋友們，大家好：
　　很高興我們能在北京大學這個文化學城相聚，分享我多年來推動國際宗教交流與佛教當代志業的經驗，希望這份聖道因緣，將會是提升生命整體教育的叩門磚。
　　西方文明創造了現代化的物質消費，卻帶來人類心靈世界的巨大空虛，這就是社會學家所謂的「文化失調」現象，雖然已經有很多宗教人士注意到這樣的問題，但這套以物質為主的西方強勢文化，隨著交通、資

新世紀的覺醒

153

訊的發展及全球化思潮的擴散，仍然繼續扼殺許多值得
發揚的傳統價值，更威脅到人類賴以生存的客觀環境。

一、科技濫用與生態危機

「全球問題」的出現，在一定意義上，是由於科學
技術廣泛應用於自然而又失去控制所引發的，深刻反映
了人類文明發展與自然生態的矛盾。物質科技高度發展
所帶來的生態危機，過度開發造成環境污染、綠地不
足、水資源缺乏、能源枯竭，進而引發南美、非洲等第
三世界國家嚴重的貧窮、飢荒等問題。此外，地殼下
陷、物種滅絕、基因病變等現象紛至沓來。由於自然資
源和生態環境過度消耗破壞，長久下來，讓全球暖化日

北京大學哲學系、宗教學系（四院）。

益嚴重，如南亞海嘯及美國紐奧良發生的風災，就是這些現象的後遺症。在可預期的未來，狀況將不斷出現，同屬地球這個大家庭一員的我們，無一可置身於事外。

二、全球互動所帶來的文化接觸、對立與衝突

面對緊密關聯與高度互動的全球化時代，不同文化的接觸往往產生巨大的衝突，阿富汗大佛被毀、紐約911事件及倫敦地鐵的恐怖襲擊等事件層出不窮。要如何轉化衝突，將是全球化時代下的宗教界無法迴避的課題。

三、為什麼要成立一個時代性的佛教志業

西方的反省與東方的覺醒，是文明平衡一體兩面的契機，做為東方文明最代表性的「中華文化圈」，我們要積極加強自己的文化，還要善於觀察世界潮流以及時代的因緣，在鞏固自我文化的前提下吸收多元文化。

在這個理念下，一個具時代性的佛教教團是有其形成的契機。因為，佛法無緣大慈、同體大悲的胸懷吻合了全球化下的人性化需求；簡約樸實的戒律傳統，是解決複雜資訊網絡的虛幻以及追求物欲無度的一帖良藥。因此，無論從時代的需求或是從佛教的精神理念出發，我們都應該積極地建立國際化、資訊化、組織化的佛教教團來回應這個時代。

一個團體的核心價值是「文化理念」，也是讓信仰付諸實踐的規範準則。若佛教團體一味追求企業化、世

俗化，不從修行著手，將會產生宗教弊病，失去了神聖性，我把他叫做「神聖的危機」。

　　身為佛弟子的理念核心就是佛的法教，也就是了知自性的「本地風光」，從學習真理到實踐真理，從自覺延伸到推廣弘法，再到各種多元的文化交流。所以，靈鷲山崇尚純樸自然的禪風，教團從宗風教育、道場建築開始，主要是與大自然融合，文化理念則以「自然、文明、生活禪」為「本」的本地風光，到「尊重、包容、博愛」為「用」的華嚴世界。

心道法師於北京大學哲學系所演講「靈鷲山教團文化理念與國際發展」的情景。

- 時　　間：2005年11月28日
- 地　　點：臺灣・臺北

神聖的危機

　　2005年11月28日至12月1日，第二屆「以利亞宗教領袖會議」由世界宗教博物館與以色列以利亞宗教交流協會共同舉辦；共來自二十多個國家，六十多位宗教領袖及代表齊聚靈鷲山無生道場，展開一場充滿靈性與知性的宗教盛會。

　　在四天的密集會議中，以〈神聖的危機〉為主題，從兩方面來深入探討，其一，是單純地從宗教的角度來探討國際衝突、社會亂象以及宗教在其中能扮演的角色，指出可能的解決之道；其二，則涉及人類世界整體面向所涉及的問題，不只關乎宗教團隊的存續與轉型，而是世界全面發展所帶來的危機與挑戰。心道法師的這篇演說，正是扣著這樣的主軸往下開展。

　　尊敬的與會者，以及所有愛好和平的朋友們：

歡迎來到靈鷲山無生道場，希望大家在這個寧靜的聖地自在喜悅。2003年我受以利亞宗教交流協會創辦人阿隆博士（Dr. Alon Goshen-Gottstein）之邀，到西班牙巴塞隆納參加了第一屆以利亞會議，相信在場有很多的朋

友都曾參與，良善的機緣使得第二屆以利亞會議就在此相會。

臺灣是一個宗教共存合作的地方，希望各位能在此地研討出關於「神聖的危機」之對策。要深入探討這個主題，就要先回歸宗教所強調的靈性本質，神聖之所以產生危機，是因為我們已經不知道神聖是什麼。其實，神聖是用來幫助個人建立自身人格的神聖，進而讓每個人達到整個社會互動關係的神聖性。

如果我們個人本身並不具備神聖性，就很容易受到欲望的誘使，不僅變得自私自利，更可能成為欲望的奴隸，無法體會自己內在具足的清明靈性。所以，我們佛教常常說人人皆可成佛，就是希望引導大家體會自己內在的神聖性，從清淨樸實的生活開始建立和諧的社會關係，從整體的覺知而理解彼此互濟共生。

佛教極為強調：宇宙法界就是一個生命共同體。

佛教講的是一個整體，強調宇宙法界就是一個生命共同體，人類社會所有階層都展現在這個生命共同體裡頭。

在佛教宇宙觀中，身體跟宇宙就是一個小宇宙和大宇宙，好像一個個細胞，雖然都是獨立的生命，但細胞跟細胞之間是環環相扣的。我們的世界也是如此，它是異中有同，同中有異，比如世界上有著各種不同的宗教、文化、種族、國家，每一個都有個別存在的意義與

價值，但彼此之間又是互依互存的，地球整個大生命體
如同大地之母，擁有自己的循環系統，如果任何一個部
分被破壞，就會讓整體陷入失衡的危機。

　　所以我們很希望能團結彼此，為這個世界做一些努
力，我們必須用愛心──愛我們的生態環境，愛我們的

開幕致詞，右一為單國璽樞機主教。

大合照一瞥。

地球，愛我們整體人類，也愛我們所共同打造的社會。

從靈性出發的現代化，才是宗教人所要引導的方向。

　　面對神聖危機的問題時，我們應該號召一種心靈文化來面向現代化，也就是讓環境回復自然，也讓各種生態相依相存的現代生活。這是從靈性出發的現代化，這才是我們宗教人所要引導的方向——號召對話及交流，推動包容及宗教的教育；我們不能因為教義的差異而彼此分化，也不應該背負歷史與社會的結構包袱而停滯不前。相反的，我們應該認清宗教之間所共同推崇的大愛，才能連結彼此終極的價值。

　　雖然，宗教現在只是人類社會學的某一個領域而已，但是我們都很清楚，當社會多元或失序，宗教更能發揮其效益，宗教的神聖內涵，可以對整個社會有很大的幫助。

　　我要呼籲：在這個價值多元的全球化時代中，宗教更應該站出來引導社會的價值，帶領社會多元學習各宗教的共同本質，透過禪修、祈禱、靜坐、冥想等方式，開發包容寬恕的心，學習轉化衝突，引導各領域朝向地球整體利益的觀念發展。

　　唯有從這份大愛出發，採取超越自我利益的行動，才能真正化解這個世界的苦難。

相互依存的時代中
文化與宗教互動的威脅與契機

　　2005年12月11日至13日，心道法師赴西班牙畢爾包市出席由聯合國教科文組織分支機構——國際天主教運動協會（International Catholic Movement for Intellectual and Cultural Affairs）所舉辦的「面對一個渴望和平的世界的新挑戰」國際宗教會議，除在會中致開幕詞外，也發表以〈相互依存的時代中，文化與宗教互動的威脅與契機〉為主題的演說。

　　心道法師在演講中提到：「處在這樣需要密切溝通的時代中，宗教更應該站出來扮演引領與示範的角色。因為所有的宗教都講包容、講愛他人，包容與愛就是人類的核心倫理價值，所以一切的對話基礎也就在這裡。當我們講宗教之間的衝突時，問題不在於信仰本身，而在於我們這些信仰者失去了愛與寬容的心。從哪裡失去的，就從哪裡去尋回，我想這就是將危機轉為契機的時候。」

新世紀的覺醒

161

各位早安：

經過兩天的會議，大家已經實際體驗到文化互動與宗教交流，我們一起開會、用餐、生活，透過交談，彼此間有了更深入的了解。每個人心中是否感受到學習的喜悅、友誼的拓展？似乎可以合作些什麼，或是需要自我調整些什麼？相信多元的學習與溝通，尊重、包容與博愛將由這些交流與互動的過程中油然而生。

要保有良好的傳統價值，才能成為心胸開闊、包容異己的地球家居民。

我們的世界一直在變，從傳統的同質社會進入現代的異質社會，生活型態在變、社會價值在變，一直到個人的思惟、想法也都在變。尤其進入全球化時代，經濟的全球化帶動了人口跨國或跨族群的遷徙，個人面對的是全然不一樣的生存空間，舊有的身分認同，不再適用於新的時代。處在變動與衝突同樣劇烈的解構化世紀，我們要如何面對新的挑戰，而讓所有不同價值與信仰的族群能在這個地球上和平共存呢？

現在不僅是個多元文化與多元宗教共存的時代，而是進入到多元文化與多元宗教的互動時代。值得我們深思的是：就文化層面來說，每個文化都有各自的倫理規範與價值標準，我們該如何保有良好的傳統價值，又成為心胸開闊、包容異己的地球家居民？從宗教層面來說，如何與沒有宗教信仰的人溝通？又如何與不同信仰

的人互動？

　　例如，在臺灣我們有很多從東南亞國家嫁過來的新娘，她們可能是回教、印度教或其他宗教的信徒，由於處在經濟上的弱勢，她們所帶過來的信仰不見得能得到夫家的認可，甚至對小孩的養育都產生了一些矛盾與衝突，導致家庭失和。當這類家庭繼續增加之後，無形中也為臺灣社會埋下一個不安定的因素。所以，要如何與不同信仰與價值觀的人相處，也是我們迫切要面對的問題。從世界無時不刻在變化這個角度來看，我們應該站在哪個立足點來思考以上提出的問題？

　　站在不同的時間座標上，我們要用不同的角度來看

心道法師於大會開幕式上致詞。

新世紀的覺醒

待事情。那麼，要如何找出一個最適合這個時代全體共用的價值或倫理體系，並將它應用於地球家呢？我試圖從自己的經驗中找出一個可實踐的模式。當我以一個佛教修行人的身分，用十年的時間建立了一座世界宗教博物館，她真正的價值在十年來數十萬人不僅每月捐獻三塊美金，每個弟子還要說服自己並不只是蓋自己宗教的廟，而是啓建所有宗教的聖殿。這需要真正開放自己走入他者，奉獻自己成就一切的精神實踐。

唯有透過不斷地對話與溝通，才能產生將心比心的了解。

911事件之後，這個博物館以一個平臺的腳色籌畫一系列的回佛對話，我們到紐約、雅加達、吉隆坡、巴黎等地方進行對話。我們不是想去定義一些什麼，而是希望透過對話，來透視這個結構性的世界，找出是否可以穿透既有的結構問題，真正消融自身的迷思。相信唯有透過不斷的對話與溝通，才能產生將心比心的了解。

在南亞海嘯發生的第二天，我的斯里蘭卡朋友打電話給我，希望為受難者蓋一千棟永久住屋，解決快速救援後的長久居住問題，我說服了臺灣十個宗教組成委員會，共同合作為斯里蘭卡的回教徒、印度教徒、佛教徒、基督教徒蓋房子，只要他們是受難者。

處在今日需要密切溝通的時代，宗教更應該站出來扮演引領示範的角色。宗教共同的責任與使命在於以倫理來修補失序的社會，以生命關懷看待虛無的價值觀。

在這多元的時代，宗教更要團結，共同轉化衝突帶來的
危機。唯有救地球才能救人類，讓世界末日延遲到來。

**宗教間的衝突，不在於信仰本身，而在於信仰者失去了愛
與寬容的心。**

　　經驗告訴我們：當我們講宗教之間的衝突時，問題
不在於信仰本身，而在於我們這些信仰者失去了愛與寬

大會以巴斯克傳統舞蹈做為開幕表演。

大會主席Mr. Gaspar Martinez歡迎心道法師。

容的心。從哪裡失去的，就從哪裡尋回，這就是將危機
轉為契機的時候。我想，無論面對什麼樣的衝突，以暴
止暴都不可能帶給我們任何的正義與安慰，只有內心的
和平才是我們最堅強的依靠。

　　要如何具體回應時代給我們的新挑戰，是我們出席
這次會議的意義，從不同的文化與宗教背景來探討這些
問題，但是大家別忘了將智慧的結晶，透過教育傳承給
年輕的一代，並記得，當暴力與衝突無法止息時，請用
祈禱代替恐懼，讓愛與和平充滿地球這個大家庭。

　　謝謝大家。

精細的了把很多文化宗教徵結說出來
也把一些我們宗教的橋樑團結搭起
希望更把 宗教文化地球永續的責任
承担起來 這是愉快會議
*　　　　　　釋心道*

by the Intercultural
Barbara.
Countries
together as
for genuine
understanding
often as
15 people
partly, one
, 2005.

Blessing from Dharma Master Hsin Tao:
This Rare Occasion has done a beautiful job in
Pointing out a lot of bottlenecks that we've been facing
the religions, as well as playing a role to bridge different

靈性
與人性的
探索

（2007年）
　　我們必須重新審視自我的
貪欲，返回樸素的生活，找回
人性、發揮愛心、重視環保、
成就永續發展；我們必須互相
提醒，互相合作，轉化人心的
衝突成為和諧，逐步的擴大到
世界的和平、地球的平安，這
是我們共通最大的期盼。

和平與對話

　　2007年4月19日至25日，心道法師前往美國紐約弘法，並於4月25日應Make a Difference協會及耶魯大學之邀，與該校學生、教職員進行座談，分享「愛與和平地球家」的理念，同時以禪修引領大眾學習如何觀照自己的心。本篇文章就是心道法師跟大眾分享自己推動對話促進和平的經驗。

　　心道法師是繼達賴喇嘛之後第二位應邀前往耶魯大學神學院演講的宗教領袖。座談會一開始，心道法師首先帶領全體與會人士為維吉尼亞校園慘案的師生哀悼一分鐘。心道法師表示：「在資訊爆炸的時代，無所適從的人心必須從宗教裡面去找到中心點，而禪修是最好安定心靈的方法。」

靈性與人性的探索

171

主席，艾迪先生（Mr.Deborah Aidy）及各位愛護和平的朋友：

非常高興再次到這個文化學府與各位相聚，一起用愛心來關懷世界，用行動來傳遞和平。

沒有宗教間的對話，就沒有各宗教間的和平。

這些年來我體會到：宗教的戰爭只能以大家內在共通對和平的渴望才能解決，沒有宗教間的對話，就沒有各宗教間的和平，因此我們博物館就是以各宗教、人種共通的「愛與和平」為主題來表達，從2001年開始推動宗教對話，尤其是伊斯蘭教與佛教的對談，至今已經在六個國家，辦過八場的對談，邀請的貴賓不僅是伊斯蘭與佛教，更有基督教與其他宗教的友人，在這裡我們交到更多致力和平的朋友，會議之後大家各自在國內持續推動和平與對話，互相關懷、互助合作。

貧窮是一個實際的問題，各宗教、各非政府組織也都致力於此一行動，由於我出生背景的關係，我所做的重點在緬甸的孤兒計畫，並且將孤兒、教育、環保與永續經營幾個要素合併起來，也就是資助緬甸貧窮但有能力讀書的青年人至國內外高等學府深造，完成學業後回到家鄉奉獻所學，以解決當地師資不足及孤兒教育的問題。並且在孤兒院所在之地建設農場，以有機且符合當地生態之高經濟價值作物之栽種，收穫後的經費資助孤兒院，令其能永續經營。除此之外，2004年的南亞海

嘯，我們更與臺灣其它八個宗教團體共同發起資助斯里蘭卡的災民房屋重建，至今已完成四百多戶。

唯有地球平安，我們才有生存的可能性。

目前地球上有限的資源，卻無限的被消費，這是大家已經在面對的危機，而聯合國環境規劃署於2005年5月22日發布的《全球環境展望》的報告指出，自1860年有氣象儀器觀測記錄以來，全球年平均溫度升高了0.6度（攝氏），最暖的十三個年份均出現在1983年以後。二十世紀八〇年代，全球每年受災害影響的人數平均為1.47億，而到了二十世紀九〇年代，這一數字上升到2.11億。

目前世界上約有40％的人口嚴重缺水，如果這一趨勢得不到遏制，在三〇年內，全球55％以上的人口將面臨水荒。自然環境的惡化也嚴重威脅著地球上的野生物種。如今全球12％的鳥類和四分之一的哺乳動物瀕臨滅絕，而過度捕撈已導致三分之一的魚類資源枯竭。今年二月，氣候變化專門委員會在巴黎的第四份氣候變化評估中也指出地球暖化與人類活動有極大之關係。

重新審視自我的貪欲，返回樸素的生活。

我們深刻體會到，我們與地球是同一個生命體，唯有地球平安，我們才有生存的可能性。在人的欲望無窮、資源卻有限的情況下，永續之道在於人心回升，生

活反璞歸眞，唯有人心深刻反省我們的三毒，也就是貪、瞋、癡，尤其是貪欲所引發的，比如不斷地戰爭，過度消耗地球有限的資源以及過去我們認爲取之不盡、用之不竭的基本生存物——空氣、陽光、水，現在已經不足，自然界更容易產生各種天災反撲。

這是我們了解危機、採取行動的時候了，我想科技風險繫於人心，我們必須重新審視自我的貪欲，返回樸素的生活，找回人性、發揮愛心、重視環保、成就永續發展；我們必須互相提醒，互相合作，轉化人心的衝突成爲和諧，逐步的擴大到世界的和平、地球的平安，這是我們共通最大的期盼。

謝謝！

心道法師與耶魯大學教職員及學生相談甚歡。

禪修及開示

> 這是心道法師於4月25日下午在耶魯大學針對禪修所做的經驗分享。心道法師先簡單的介紹禪修的止、觀系統，之後提到信、解、行、證四個學習步驟，最後說明禪修的目的就是要「找回自己」。演說結束後，心道法師也當場教授「平安禪」的修習法門和步驟，並且針對與會大眾提出的問題做出精闢明確的解答。

今天非常感謝來這裡的人跟這裡的一切，也非常感謝我們有這個機會相聚。

禪修的方法有很多種，各種宗教都有不同的禪修。基督教有祈禱、禁閉，印度教有瑜珈、禪修方法，伊斯蘭教也有它的禪修跟閉關，道教也有一些觀竅的法門。

佛教的禪修

佛教的禪修是什麼呢？我們禪修方式有兩種系統：

（1）止（奢摩他，Samatha）

運用讓自己心念專一的技巧，讓自己身心從外而內完全沈靜下來，讓自己的心不受外界一切事物的打擾，

靈性與人性的探索

175

回到原本的自己。

（2）觀（毗婆奢那，Vipasyana）

這個就是一種認識與剖析的功夫了，對我們自己、對這個世界、對互相之間的一切關係與活動去做細膩的解剖；這種解剖又分成心理的解剖跟物質的解剖兩種。這種解剖到最後，會直接瞭解到一切萬事萬物的真實狀況以及彼此之間的相互關係，更瞭解自己的一切，最後我們會從這所有的現象當中解脫。

通常在學習方面我們講求「信、解、行、證」四個步驟：

首先，要相信禪修對我們真的有好處，用這樣的好處引起我們的學習興趣。

再來要去瞭解禪修的方法，整理它所說的整個道理是不是可以串連起來，能否有一個較有系統的學習、跟有系統的認識。

最後就是實踐的部分了，我必須像研究員一樣去做證明的工作，因為我需要時間、冷靜、安定，希望沒人打擾，去實踐這個證明的工作。所以，我在墳場十年的時間，就是經歷那份的寧靜、寂寞，甚至是恐怖！但是這種恐怖經驗是非常趣味的。這裡面有很多時間，我的心跟死人一樣那麼冷、那麼淡、那麼安定，所以我可以很細心地去探討，探討心理的真實跟物質的真實，如此可進行深的禪修工作。

後來我採用住在山洞裡面跟斷食的方法，那是一個

非常空洞、冷靜、寂寞，甚至感覺到神秘的世界，在這裡，我用禪修來探討精神跟物質的真實。因為內心的冷淡、不受打擾，又因為身體種種的變化，讓我的思想可以細密得像顯微鏡一樣，清楚的觀察、解剖心理跟物質的存在以及它們之間的關係和最終的因素是什麼？是因還是果？最後發現到，雖然這個身體快要不行了，但是有一個東西是永恆存在，而且超越生與死的。所以探討真理就是要解剖真理，如果我們探討真理，卻沒有解剖真理的時候，很可能就是一個迷信。

禪修的目的就是要找回自己

在物質方面，我們認為這個世界是一個幻影，是因緣組合成的，它不能獨立而存在。任何一個東西它都是和合而生，我們找不到非和合而獨立存在的東西。比如，大家看到我，這個「看到」是因為你們有眼睛、抓取了「我」在這裡的影像，再傳送到你們的視覺神經去分辨，如此才完成了「看到我在這裡」的事實。這三種東西，如果有一項條件不符合，這個動作就無法完成。因此，所有事物加上了時間、空間，就有了更多不同的組合，每一項都需要各種不同的條件組合而成。

心理方面，對於從我們五種感官傳進來的現象，或是對自己心中的各種想法、記憶等，揉合著自己情感的詮釋因素，如此對自己的意義也就完全不同。這也就是為什麼同樣一件事情，不同人有不同的認識與想法，這

是因為組合的內容不完全一樣，而不同時間也有不同的想法，每一個都是因緣和合而成。當這些內在組合，就像電影的影片一直在腦中出現，我們就像一個放影機、錄影機一樣。問題來了，我們的內心是錄影機嗎？如果是的話，那我們是不是也是物質呢？如果不是的話，那我們又是什麼？而我們又被這些變化所影響、所苦惱。

事實上，我們禪修的「這個」是一個絕對的，「絕對」不是影像，我們真正禪修要開悟的就不是那個影像。所以我們禪修的目的就是要找回最原本、最原始的自己。當我們一直作分析之後，功夫越來越深，就會清楚地瞭解這些內在串起來的影像是幻有而不是實有。這樣就能解脫我們的痛苦了。

心道法師於耶魯大學猶太中心發表演說。

・時　間：2007年4月25日
・地　點：美國・康乃狄克州

轉化人心的衝突

　　這是心道法師在耶魯大學晚宴上的談話，內容主要是分享靈鷲山佛教教團二十年來在「對話」與「禪修」志業上的實踐經驗：包括建立世界宗教博物館以及伴隨這項志業而來的「跨宗教交流對談」和「跨宗教合作救災」；另外，成立國際禪修中心，期待通過禪修來淨化人的身、心、靈，則是教團在禪修方面的努力成果。

感恩世界各地的大德朋友們：
　　來到這個文化學府，大家共聚一堂，一起用愛心來關懷世界，用行動來傳遞和平。

　　我出生在滇緬邊界非常貧窮的農村，無休止的戰爭混亂，讓我家破人亡，因此，早在自己小時候，就有一個的心願：希望消除一切的戰爭與貧窮，讓地球永遠平安、世界永遠和平。為了達成這份心願，我選擇了宗教方面的修行作為自己畢生的工作，並且結合靈鷲山佛教教團數十萬信眾及國際友人，本著「尊重、包容、博愛」的理念，共同成立世界宗教博物館及非政府組織

靈性與人性的探索

179

「愛與和平地球家」（GFLP），以實際的行動，努力去轉化戰爭衝突、消除貧窮、愛護生態環境。從實踐經驗當中，我們深刻體會到，必須「愛地球、和平地球」，唯有地球平安；世界才會和平，唯有人心和諧，地球才會健康。

我就將靈鷲山佛教團隊二十年來的一些實務經驗，與各位大德作分享。

一、建造世界宗教博物館

宗教的本質就是愛心與和平，世界宗教博物館就是讓地球上的每一位朋友，學習、傳送「愛心與和平」的靈性空間：世界宗教博物館的理念是「尊重每一個信仰、包容每一個族群、博愛每一個生命」，使命是「共同創造愛與和平的地球家」。

這些年來我們經由世界宗教博物館這座靈性平臺，持續進行跨越宗教的聯繫、合作，具體行動包括：跨宗教交流對談、跨宗教合作救災。

（一）在「跨宗教交流對談」方面

2002年至2005年間，先後展開連續八場的「伊斯蘭教與佛教的對談」，簡稱回佛對談。邀集全球宗教領袖、學者專家、青年團體等有識之士，期望透過佛教以柔性幹旋的中介力量，推動世界宗教間實質交流對話，以轉化誤解對立的負面能量，促進愛與和平的共識。

在回佛對談的基礎上，我們持續在2004年以「水資源」爲題，舉辦「夥伴城市國際會議」，探討保護地球生態環境的行動內容；並在2005年舉辦第二屆「以利亞世界宗教領袖會議」，探討全球化與科技發展，對宗教所形成的危機與轉機。

（二）在「跨宗教合作救災」方面

2004年的南亞大海嘯，我們立刻主動邀約國內八個不同宗教的團體，共同募款及協助救災，結果獲得包括天主教、基督教、回教、道教、巴哈伊教、佛教、天帝教、一貫道，共同成立「宗教界南亞賑災聯合勸募」機制，協助斯里蘭卡等國家救災，建造四百多戶愛心屋，讓流浪的難民安居。

這次跨越宗教的救災經驗，我們深刻感受到，各宗教在發動救災募款的過程中，彼此間的那份無私無我、和諧信任的生命情操，這正是「愛與和平的地球家」的理想，最忠實、具體的顯現。

二、建立國際禪修中心

（一）禪修的意義

當前的世界，讓大家感覺到是變化無常、充滿對立衝突的，如同最近在維吉尼亞理工學院校園發生的校園槍擊慘案，這不是一個種族或宗教事件，卻是因爲年輕人內心無法平靜而動手做出的不理性事件。如何讓內心

和諧、平安呢？就是要培養不變的真心，禪修是培養真心最好的橋樑，真心能讓自己得到平靜、祥和，有充足的能量面對外境的苦痛，而真心沒有界限，所以禪修非常適合大眾，共同來體驗、分享。

國際禪修中心，是我能送給大家的心靈禮物，緬甸已完成一座，尼泊爾、美國科羅拉多州也陸續進行中，歡迎各位朋友，能夠蒞臨這個靈性空間，彼此放鬆、放下，找回我們原有的愛與和平之心。

（二）以禪修為中心的相關身、心、靈計劃

緬甸國際禪修中心的基礎上，我們經由「愛與和平的地球家」（GFLP），進行相關的身、心、靈計劃，正在行動的計劃包括：

（1）佛國種子獎助學金計畫——目的：培養僧伽教育人才。

（2）大雨托兒計畫——目的：結合社區力量，照護貧困兒童。

（3）弄曼修行農場計畫——目的：結合當地自然生態，發展有機農業經濟作物，以推廣生態環保與身心靈健康。

我們希望將來以國際禪修中心作為基礎的社區，都能發展、呈現出愛心、和平、喜悅、儉樸、健康、自然的清淨生活空間，轉化人心的衝突成為和諧，逐步擴大到世界的和平，地球的平安。

各位朋友，歡迎大家一起攜手合作，為打造一個愛心、和平、健康的地球來共同努力，感恩各位，謝謝大家！

貝托教堂建設於1757年，多年前達賴喇嘛也曾應邀在此演講，這一次師父則是在此教授禪修，在管風琴及玫瑰窗的環繞中，耶魯大學的師生體驗了一場寧靜心靈的禪修。

達拉斯機場超現代設計。

禪修與和平

2007年9月18日至20日，心道法師前往美國展開和平交流之行，期間分別應德州達拉斯南衛理公會大學（SMU）以及「感恩廣場」（Thanksgiving Square）之邀請，前往發表演說。

南方衛理公會大學向來以學術自由和開放著稱，心道法師此行是應該校宗教系副院長魯本・哈比托（Ruben Habito）博士之邀前往演講。魯本博士因多年來認同世界宗教博物館的理念，故特邀請心道法師至該校演說，讓佛學與基督神學有了一次精彩的互動與交流。

大家好！

很高興來到德州，這裡非常像我的故鄉緬甸，很適合禪修。今天有緣來到這裡，是因為瑪麗及魯本的關係，很謝謝他們的邀請。瑪麗二十多年前就在臺灣認識了我，當時的我正在墳墓苦修，是一個又窮又不太會說話的苦行僧。但是，我總相信，瑪麗在未來全世界會幫助我作很多有意義的工作，沒想到一直到今天，我們的

靈性與人性的探索

合作不只是禪修的教導，還有許多透過靈性所啓發連結的一串靈性與和平的工作。

一、佛教的禪修

佛教的禪修有兩種：

一種叫止的「奢摩他」，這是運用讓自己心念專一的技巧，讓自己的身心從外而內完全沉靜下來，讓自己的心不受外界一切事物的干擾，回到原本的自己。

第二種叫觀的「毗婆奢那」，這個就是一種認識、理解、分析的功夫了。我們自己對這個世界之間的一切關係與活動去作細密的解剖，這個解剖又分成心裡的解剖跟物質的解剖兩種，這種解剖到最後，會直接瞭解到一切萬事萬物眞實的狀況，以及我們跟它們之間的互相關係；更能瞭解自己的一切，最後從這所有現象的束縛當中解脫出來。

通常在學習方面我們講求「信解行證」這四個步驟，首先要相信禪修對我們眞的有好處，用這樣的好處引起我們的一個學習興趣；之後要去瞭解禪修的方法，整理它所說的道理是不是可以連貫起來，能否有一個比較有系統的學習及認識；接下來就是實踐的部分了，在學習和認識之後呢，我們必須親自在生活當中去實踐，這樣才能證明和瞭解禪修所能帶給我們的好處和幫助。

記得我出家之後，爲了徹底體會禪修的精髓，我離開人群，獨自來到一個蘭花園，在那裡我每天聽不到人

的聲音，幾天下來，那過度的安靜讓我感到不安，特別是在夜裡，整個世界好像凝結，無聲無息地讓人感到害怕。這時候我的腦海中只有一個念頭，就是希望能和人說上一句話，希望和群眾一起生活，這些矛盾和衝突的意念在我自己心中不斷地徘旋增長。但我知道，若我想要戰勝這個恐懼，我必須先面對自己的孤獨，如此也才有辦法在修行的道路上精進、精實，並不斷地與自我的意念奮鬥，與自我的貪、瞋、癡戰鬥！

後來，在某次的禪坐完畢後，我內心感到無比的平靜，夜晚的無情與恐懼剎那間都消失得無影無蹤，我體會到：若是我心沒有任何的牽掛，也就不會有任何的恐懼產生，也就是心無所住的一種自在和無礙。對我來說，禪修就是讓自己進入一個真實的生命狀態之中，找回一個自信的實相。發現到自身生命的本地風光、自心實相是永恆的、是光明的、是不變的，在虛空中每一個地方都是在覺性的光明裡，可以當下安息的所在。當覺悟自心實相的時候，才能有慈悲心，這就是我自身的一個禪修經驗。

在爾後的禪修過程中，我也體認到生死的問題、無常的概念。在這許許多多的體認和證悟之後，心底產生了一個聲音，就是要我以佛法來度眾生，將由禪修所證悟的一切，與這世間的人類分享；也就是回到人群中，以世間作為修行的一個道場。雖然我改變了生活方式，從孤獨自修轉變為入世的修行，但沒有改變的是我對禪

修的重視。以籌建世界宗教博物館來說，雖然要面對的事物是如此的繁雜，但我沒有忘記自己的禪修功課，不論時間長短，每天總是要禪修，沉澱、轉化思想，面對新的挑戰。

靈性沒有斷過，生生世世一直延續下來。

對我來說，禪修就是要讓自己的靈性更加光亮！靈性就是我們的心性，靈性是永恆不變、不滅的，而我們的身體只是一個傀儡，是時間與空間的一種存在，身體就是一段段靈性的顯現，因此若以身體的角度來看，我們分過去、今生、來世，然而，若從靈性的角度來看，靈性沒有斷過，是生生世世一直延續下來的。

學佛最重要的就是改變自我的觀念，怎麼改變自我的觀念呢？就是透過對於我們靈性的觀照，當我們不斷尋求不滅的靈性時，便可以瞭解世間的變化及無常，明瞭世間的現象就如同夢幻般，隨著時間的流失而幻滅，因此，我們便能掌握自我的內心不被外在現象所迷惑，當我們希望不被外在現象所迷惑，我們就必須修行，讓自己不斷地感覺靈性、觀照靈性。

二、修行就是把永恆的覺性觀照出來

我們常會被身體這個相所迷惑，觀照就是要把這個我相給去掉。我相就如同雪一般，而般若就像太陽，當

般若太陽升起的時候，雪就會融化，而覆蓋在雪底下的就是我們的覺性。因此，修行就是把永恆的覺性觀照出來；當我們這個觀照，最後會發現有就是沒有，沒有就是有，也就是說，屬於我們的靈性，是在有的世界當中來呈現，當我們瞭解這個真實，我們的生命就會永恆。從這真實中所發現的愛，就是一種真實、不造作、不虛偽的愛，像愛自己一樣的愛。

當我們面對社會的時候也是如此，一切外在的現象瞬息萬變，常讓我們迷失，迷失在人云亦云的世界、迷失在金錢權利的追逐、迷失在自己一切的慾望當中。假如我們迷失在這些現象裡，便無法見到自己的靈性，更不用說要真心誠意地用愛來與他人相處。在迷失的社會裡，人與人的一個相處變成一種權利，看誰的權利大，誰就能夠掌握領導一切。因此，我們必須不斷地修行，讓修行帶領我們來看見靈性，只有靈性才能讓自己明心見性，進而看到社會中的亂象。修行不僅讓我們看到社會中紛亂的現象，也讓我們可以積極與其他信仰者合作交流，因為從靈性中，我們可以發出真誠的愛。真誠的愛讓我們得以突破彼此之間的差異，不再爭得你死我活，不再是辯論誰的神比較強、誰的宗教比較好，誰的真理比較真等等問題，而是轉換成想著世間的苦難眾生，也就是面對世界上每個眾生所受到的苦，共同合作思考如何來面對、解決這些苦難。

眾生和我們是一個生命共同體

因此對佛教徒來說，寧靜讓我們明心見性，讓我們知道自己該如何面對社會的一切現象，也讓我們具備了身處在社會裡應有的良好態度；另一方面，也讓我們以最眞誠的心，最眞實的愛來與其他的宗教進行交流，並在靈性的指導下共同面對、思考社會問題，與他人在愛與和平氣氛中做奉獻。

在禪修後的覺醒中，我們可以知道眾生和我們是一個生命共同體，他是我們，我們是他，是沒有辦法分割的生命體。所以，我們對萬有、萬事、萬物，自然而然地會生起悲憫、慈悲之心，那是一種禪修後自然產生的一種生命體驗，雖然我們可以用理論去描述它，但是實際的狀況一定要你親身禪修後，才能夠理解。

禪修可以幫助我們的情感不斷昇華，而昇華的感情則是我們生活在這世界最好的方式，也就是佛教所說的「無緣大慈，同體大悲」的一個心境。如同我在墳墓修行的時候，原本流離頹廢的墳塔是大家所懼怕、所討厭的，卻在修行的過程中，生起了慈悲的心，知道他們也是受著輪迴之苦的眾生，因此興起想要幫助他們的念頭，也就是這個樣，原本對立的立場，因爲念頭改變了，而成了朋友並和平共處。

禪修是先和平內在，再和平外在。

通過禪修達到自我內心的和平，且體會彼此是生命

共同體，也就更能學會放下一切，彼此和平相處，而我也就是在這樣的一個佛法教導與禪修體會下，建造世界宗教博物館，並希望推動一個充滿愛與和平地球家。

我們禪修就是要讓內在和平、外在和平，當自己內在跟外面的衝突全部能和平的時候，才能跟一切共生共存。內在為什麼會和平？什麼東西讓內在不和平？那就是我們的想法、知見，如何把這個內在的想法跟知見處理好，就是去除我的執著與見解。要如何去除？我的見解，這就需要禪修觀照。如果我們內在就是有一個我跟外在的他者的觀念就會產生對立；如果我跟他沒有產生對立關係的時候，就是所謂放下我執，我們內心就不可能會有罪業的東西存在，那就是和平。

心道法師於感恩廣場宗教交流中心分享宗博館創館理念。

靈性與人性的探索

禪修的時候，我們一個念頭也不起。

禪修的時候，我們一個念頭也不起。在靈性方面必須下功夫，要用功才能夠對這個靈性有相當的體證，是因爲感受到自己內心的苦、外在的苦，所以我們對靈性有一個很好的體認、體證，因此在靈性上用功得到了快樂，而將這份快樂再分享給各位。

我們爲了蓋世界宗教博物館，在還沒有做以前，就去拜訪各宗教，希望他們贊同這個博物館的理念（愛與和平），宗教互相的交流融合，共同創造愛跟和平的工

法師們合影於哈比托博士所帶領的禪修中心內。

作。這樣拜訪以後，都沒有遇到任何阻礙，這是一個良好的基礎，一直到我們博物館蓋好，大家的友誼還是非常好。

博物館蓋好以後，我們積極做交流，大家也非常的珍惜跟愛護這個博物館。美國911事件以後，我們開始跟伊斯蘭教有對談。在對談當中，他們會把心聲一直說出給大家聽，他們自己覺得非常的和平，我們聽起來也很和平，那麼互相就可以和平。

世界宗教博物館國際事務部主任瑪利及SMU大學宗教系副院長魯本‧哈比托博士夫婦與心道法師合影。

靈性發展對社會的幫助

　　2007年9月21日至25日，心道法師以世界宗教博物館創辦人及佛教代表身份應邀赴墨西哥蒙特雷市參加第二屆「二〇〇七世界文化論壇」。會中發表三場演說並參與一場座談記者會。

　　「世界文化論壇」以和平、永續發展、人權和尊重文化多樣性為目標，期望從各種不同的文化、語言、宗教等跨文化的對話，來結合城市居民，並促進全球民間社會力量的聯盟。「二〇〇七年世界文化論壇」持續長達三個月的時間，讓參與者在公共空間中沒有時間限制的彼此交流，是公共集會與言論自由的最佳體現。

大家好！
今天討論的主題是「靈性發展對社會的幫助」，我們的社會到底發生了什麼問題？而靈性的覺醒可以為我們的社會做些什麼？

　　事實上，靈性道德的推動，對社會的發展有很大的幫助。全球化的社會裡，物欲的浮動使得價值觀模糊，

倫理道德已經無法安定社會人心，不同的文化角度又有不同的價值判斷。因此，只有超越價值的靈性才能使道德成為可能，只有推動靈性道德才能避免人為的操作與人心的無常。

靈性的發展可以真實的導正現代資訊的迷亂與社會物化，開拓靈性生命自然儉樸、純真、善良、美好的回歸。

今天我試著在尋找靈性價值之前，先跟大家一起探討目前全球社會所面臨的一些問題：

由於資訊、交通工業的發達，引發種種全球化的問題；民主政治全球化，造成民族意識的對立；民族意識的對立，可能造成特殊性文化隔閡，使得全球許多地區

第二場座談會——心道法師談全球化對靈性的影響。

因不同族群要求分裂或獨立而產生暴力衝突。

　　經濟全球化，往往引起許多國家與大財團的結合，假借政治、種族，甚至宗教的名義，製造衝突，再從衝突中獲利，這種全球經濟發展的不平衡，造成許多國家貧富不均，社會問題叢生。

　　現代社會由於經濟發展快速，消費市場不斷擴充，工作競爭激烈，消費往往超過自己能力所能負擔。物欲過度膨脹，加上情緒管裡能力不良，造成壓力過大無法紓解，於是無法面對現實而逃避，很快就會形成憂鬱症，更嚴重結果就是自殺。這都是因為對靈性的覺醒力不足，被外在現象所惑亂而無法調整自心。

　　我所來自的臺灣，是先進的科技島，平均每小時就

墨西哥當地手工藝品。

靈性與人性的探索

有三個人自殺，而目前發展最快的國家，如中國大陸，據調查有一億人有精神方面的障礙，感覺不快樂，這等於是整個墨西哥的人口總數。我相信這是多數國家的文明病。

而生活中另一個令人擔憂的大問題是網路問題。愈來愈多的人，尤其是青少年，把虛擬的世界當成生活的全部，在虛擬世界中除了隱私權、駭客、病毒這些影響世界正常運作的問題之外，最嚴重的是色情、非法交易的問題氾濫。道德與不道德已經沒有界線，價值觀也非常混亂。

解決混亂的根源，最重要的方法是對靈性道德的培養。

從宗教靈性的角度來看，所有人類的問題，其實都不外乎兩個因素，一個是意識型態，諸如政治立場、種族、文化差異、宗教衝突與認知等等，都是從意識衍生出來的對立與瞋恨；而市場經濟、工作、生活的主要煩

文化論壇開幕式印加勇士的表演。

惱則來自貪欲。這是人的思想觀念與貪欲習性所衍生的兩個問題，我們如何透過靈性學習來轉化？更積極的可以為社會做出更多的貢獻？

就我個人的體悟來說，今天我能為社會做些貢獻，未來也會繼續為社會人類奉獻，這些能量都是來自多年的禪修。從禪修中找到自我與生命是不可分割的，因而生起慈悲心、菩提心，願能幫助一切眾生離苦得樂。

禪修能讓我們環扣到整體生命的大能量，因為一切眾生就是一個生命共同體，生起幫助他人獲得快樂的念頭，就能環扣上這個互生共濟的大能量。

靈性是我們每個人都擁有的寶藏，靈性與靈性之間是沒有傷害的，而這個覺醒需要被引導與啟發。

如何從複雜的資訊迷失中回到無染濁的靈性故鄉？

由於現代的自我迷失，使得傳統倫理道德的價值觀無法推動，透過禪修可以轉化，使得內心安定、內在和

開幕式上法師唱頌爐香讚為大會祈福。

諧，從內在和諧再創造外在和諧。

　　如果能夠覺知到自我與他者在靈性上都是生命共同體，就能積極主動的推動靈性道德，讓純善的天使與慈悲救苦的觀音充滿全球的社會，讓我們共同擁有一個「愛與和平地球家」。

永遠戴著一頂帽子的馬鞍山，被當地居民稱為聖山。

全球化對靈性的影響

　　本篇文章也是心道法師在墨西哥「二〇〇七世界文化論壇」上的演說。心道法師在本文中強調，在面對全球化所帶來的危機時，我們應該建立屬於心靈文化的全球化，這是一種內在靈性的體現。我們應該用來自靈性的價值判斷，讓我們做出正確的選擇，同時，也讓靈性帶領我們超越全球化所帶來的種種負面影響與衝擊，希冀其帶來的是充滿愛與和平的地球家。

各位有緣的朋友：

很高興我們在這個全球化的時空中相遇，共同探討靈性與全球化的諸多議題。

透過國際化的接軌，帶動一個時代性的教團，創造一個愛與和平的時代。

　　我始終認為一個熱忱的宗教人，應該對時代趨勢下的全球化前景，有更深的反省與期許，才能引領社會邁向一種更好的方向。而我長久以來的使命，就是透過國

際化的接軌，帶動一個時代性的教團，來服務這個時代，創造一個充滿愛與和平的新時代。

關於全球化的現代發展，我們必須正視它的危機與挑戰，首先經濟全球化的結果，造成世界各國貧富差距不斷加大。除此之外，科技的發展是經濟發展的主要動力，但是科技高度發展的結果也帶來了科技的濫用，像是戰爭所使用的核子彈，還有消費過度造成的資源濫用，都是傷害人類健康及生態環境的元兇，也是地球暖化的主因。

來自靈性的價值判斷，能夠幫助我們做正確的選擇

其次，在文化方面，由於交通便利、資訊科技發達，讓人類進入緊密關係與互動的全球化時代，因此不同的文化、不同的種族、不同的宗教，乃至不同的國家所秉持的價值和立場，也將因為不同的接觸而產生衝突。我們必須正視全球化的事實，在多元宗教、多元文化的社會中，被消費的同時，也要懂得選擇。而來自靈性的價值判斷，能夠幫助我們做正確的選擇；在資訊充滿的時代中，做正確的判斷。

如何化解衝突，並不是要片面的落入無限制的反全球化的潮流，而是要客觀的運用科技的發展、物質文明的進步，保護地球、保護環境、保護生命、保護每一個人。促進全球化的良性循環，與全球共存共榮，超越衝突、創造全球整體的利益。

人類往往依據他自身的利益，追求生活的進步與文明，忽略了共同的利益與自然的和諧，而使社會與環境失去平衡。只有跳脫一己的私心，以靈性的角度來運用全球化的思維，使靈性道德全面性的充滿在任何時間與空間中。

其實，我們應該還有一種屬於心靈文化的全球化。

　　整個世界就是一個意識網絡的連結，也就是緣與緣、心念與心念之間的關係，如果大家的意識經過轉化，願意互相奉獻、互相成就，那麼全球化的連結就會是善緣無限的延伸；反過來說，如果人人纏繞在自我意識、自我利益的一個妄念裡，那麼整體的世界就會是一個苦果，一個衝突與痛苦的現前。

　　過去全球化常常被誤認爲僅是經濟全球化，一種消費主義、資本主義的全球化，而我始終認爲，這是一種片面觀點。其實，我們應該還有一種屬於心靈文化的全球化，能夠讓環境恢復自然，也讓各種的生態能夠相依相存的一個全球化。這要靠各宗教共同推動「靈性道德」，引導文明正確的方向，走向無毒的靈性，沒有自

熱情的墨西哥人對禪修有著一份熱切的好奇。

心的貪染與環境的污染，使全球化所帶來的是充滿愛與和平的地球家。

讓靈性帶領我們超越全球化所帶來的進步與衝擊。

「靈性道德」就是宣導相互依存的一個法則，使大家都能彼此珍惜，彼此關懷，站在地球是一個家庭的觀念，帶動彼此間的良性循環，從內在靈性的覺醒到外在社會的和諧，善用全球化時代的契機，推動地球平安。

當今世界六十億人口中，信奉各種宗教的人有四十八億，佔世界總人口的81％。在全球化過程中，不少宗教問題都直接涉及到國際政治、世界和平、國家安全、社會穩定、經濟發展等重要方面。因此，信仰的力量，對於局部地區乃至於世界格局的發展具有深遠影響，甚至可能改變歷史進程和人類命運。

如果能夠透過宗教間的對話，建立尊重、包容、博愛的共識，引導世界走向和平，創造全球整體的利益，這正是現代各個宗教間的使命，也是今天我們聚在這裡的目標。

因為對話與交流，讓彼此得以更加了解彼此，也互相學習，讓靈性帶領我們超越全球化所帶來的進步與衝擊，也讓全球化不是在衝突傷害中進行，而是在純樸與善良的靈性覺醒中完成！

價值的探索

本篇文章是「世界文化論壇」三篇文章的最後一篇，心道法師在本次演說中從「尊重」作為切入點，談到如何從佛法的修行過程中去體悟和實踐真正的尊重，這種真正的尊重是一種「無我」的體現，而「無我」則是要通過對戒、定、慧三學的修持不懈才能達到。他最後期許，世界能夠在無我的尊重中達到遍滿愛與和平。

各位靈性上的朋友大家好：

感謝大會給我這個機會，在這裡與大家分享個人在佛教信仰的生命實踐與價值。

一、「尊重」的重要價值

大家都來自不同的國家與信仰文化，除了分享各自傳統的文化知識之外，我們也希望彼此學習在不同的信仰生活中，「尊重」的重要價值。這是此次會議所要探討的主題。

首先，我要介紹我的出身背景與我的宗教傳統：

我出生在一個佛教國家——緬甸，那年正是二戰後不久，在邊境地區仍然有一些游擊隊尚未平息。戰後的貧窮、飢餓與政治變動，對我的童年心靈是一種潛在的召喚，希望從探索生命眞相中促進人類對生命的尊重。

雖有各種不同宗派的佛教徒，然而，各宗派的根本目的都只有一個，就是離苦得樂，達究竟涅槃解脫之樂。也就是說，雖然各宗派對於佛法的教導不盡相同，但其目的都不在於義理的爭辯，或是知識理論的教導，而是將重心放在人存在的問題上面，即爲眾生提出一套可以離苦得樂、解脫自在的法則與修行方法。

二、知苦

早期佛教都是爲了解決人生現象的種種問題，而「苦」是現實人生的大問題。原始佛教便是奠基於對人間實相透徹的觀察，列舉世間種種的苦，主張若非超脫這些根本的問題，人就無法解脫束縛而得到自在。

1.苦：因無常

這些苦是因無常所引起，因爲萬事萬物不斷的變遷，不停的生滅、變異、輪轉，而在這樣的輪轉變化下，讓人感受到痛苦。

2.集：執著常

人們不瞭解事物的無常，卻渴望與執著一切事物都能常住不壞，於是帶來了不如意、求不得的痛苦。

3.滅：了知無常

　　佛教徒如果能自覺無常的事實與內涵，便會轉而追求內在無上安穩、不滅的涅槃，來代替對外在世俗事物貪婪的追逐，因此，以邁向寂滅的「涅槃」為修行的終極目標。

三、緣起

　　要理解苦與無常的原因，就要理解佛教的緣起思想。佛教的緣起論說明了宇宙人生種種現象都存在於關係中，在因緣和合底下，沒有一個永恆不變的獨立個體存在，一切現象都是因緣和合的結果，都是關係與條件的存在；同樣地，當關係、條件消逝時，因緣也就分離消失。宇宙萬象一切都脫離不了因緣和合、緣生緣滅、散滅的法則，每個物質、心識、生命好像各自獨立，但本質都是因緣條件才能產生現實的存在。人與人、與世界交織成一個綿密的緣起網路，彼此間受關係的決定，緣起所展開的世間是存在著同時或異時的互存關係。

對因果的明白

　　另一方面，緣起論也說明命運是過去因果與現在因果的綜合，所以由緣起論所展開的人生觀，一方面勇於接受過去因果所造成的現狀，另一方面在因緣網絡下，也理解到未來具有無限的可塑性，而能積極從當下因緣著手努力，追求終極圓滿的目標。

尊重來自於緣起相關性

透過緣起觀察，我們明白任何事情的成就都需要仰賴眾緣，任何事物的成就與顯現，不可能只依靠單獨的自我所完成，儘管自己的努力也是其中一個重要因緣，但一個體會緣起的佛教徒絕不會以此而目空一切，反而是更加的心存感激。換個角度來看，既然一切事物的成就需要眾緣相成，是這麼多人勞心勞力運作的結果，對於眾生，不管他的身份、地位、權勢、膚色、種族為何，都會自然湧現慈悲與尊重之情。無論是人與人的關係、人與自然、與社會的關係，都獲得了和諧的尊重。

真正的尊重是「無我」

如何做到真正的尊重呢？要做到「無我」才能達到尊重。因為只要有自我，就會有對立。即使是所謂「愛」也是主觀的，強加於人的和平並非真正的和平。

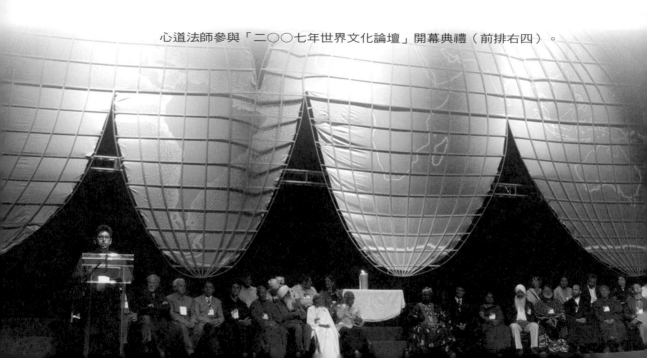

心道法師參與「二○○七年世界文化論壇」開幕典禮（前排右四）。

如何去除這種二元對立的關係呢？唯有具足智慧的人，才能透視諸法緣生無自性，形成無我的人生觀，進而在生活當中體現慈悲與尊重。因為世間諸法的生滅是因緣和合的，並沒有一個永恆不變、單獨形成、真實不虛的個體存在。但我們卻常常遠離這種正確的智慧，在生存活動中執著於以自我為中心的自我感，而漠視了其他因緣也是自己生活世界的一部份。

四、以戒、定、慧達到無我的境界

而我們如何能具足智慧和慈悲，達到無我的境界呢？佛教傳統的方法就是──戒、定、慧。

（一）戒律的遵守

首先，戒律的遵守，簡單來說，就是依循不使自己或別人煩惱的原則生活，此原則的精神歸溯，就是在生活中時時地實踐「尊重」，例如在佛教中，五項基本的戒律為：

（1）尊重生命，不殺害侵犯所有的生命。

（2）尊重他人財物，不偷盜他人所擁有的財產。

（3）尊重他人家庭，不破壞他人家庭關係。

（4）不說傷害他人的話語，例如：欺騙、輕慢的言語。

（5）防止因飲酒或任何藥品使自己心智迷亂而做出任何惱犯自己與他人的行為。

戒律的遵守，使我們的心能夠謙卑少欲，是培養智
慧與慈悲的根本基礎。

（二）「禪定」的訓練

其次，要達到無我的第二項重要條件是「定」，也
就是安定的心，透過「禪修」的方法，訓練自己的心達
到安定、清明。

禪修是什麼呢？我們的禪修方式有兩種系統：

（1）止（奢摩他，Samatha）

運用讓自己心念專一的技巧，讓自己身心從外而內
完全沈靜下來，讓自己的心不受外界一切事物的打擾，
回到原本的自己。

（2）觀（毗婆奢那，Vipasyana）

這個就是一種認識與剖析的功夫了，對我們自己、對這個世界、對互相之間的一切關係與活動去做細膩的解剖，這種解剖又分成內在心理的解剖跟外在物質的分析兩種。

從禪修中界定心的範圍，收斂自心，再觀照自心與外在現象所產生的變化。當觀察外在的發生與內在的變化關係時，我們會發現到，由於內在的迷惑使得我們對外在現象、因緣變化產生貪執；使得內在不平衡也影響外在的不和諧。透過禪修，使心安定下來，將內在的迷惑去除，轉化種種不自覺的意識習性，成為客觀的思想，達到內在的平衡；只有內心平衡，對外才能做到真正的尊重、包容、博愛，也才能促使社會和諧、世界和平、地球一家。

這種解剖到最後，會直接瞭解到一切萬事萬物的真實狀況，以及我們跟他們之間的相互關係，更瞭解自己的一切，從理論的知識到實踐的體悟，最後我們會從這些所有的現象當中解脫出來。

（三）空性的智慧

第三，要達到無我，關鍵而不可或缺的條件，就是智慧，這項智慧不同於一般世間所有的知識，而是自己對於生命真理透徹的洞察和體會，從了解生命，而善用生命。

　　透過對於生命真理的體會，我們能由衷而深刻地瞭解到靈性生命是無止境的存在，不會因為人的死亡而消失，它是生命的原動力、是一個不死的東西，我們稱它為空性的智慧，這種智慧的能量是不滅的，只是不斷的轉化與新陳代謝。

　　所以當面對死亡的時候，可以知道死亡並不是一種結束，而是為了創造另外一種生命，就如同海浪一般，一個波浪破滅了，就會有一個新的波浪升起。當我們理解了生命的本質之後便知，生命過程中，我們所要創造的不是痛苦，而是快樂，是善因、善果。這樣的善因、善果是存在於我們的日常生活中，存在於我們所面對的每個人、事、物。因此，生活周遭的每一個人，都是我們的福田，都是我們開智慧、達到涅槃的善因緣。

　　理解空性讓我們無懼於死亡，而關懷眾生讓我們能迅速的達到無我的境界。唯有我們時時刻刻做利益服務關懷他人的事情，我們才能進入無我的境界，要能包容，能服務一切，才能化解人與人之間的不好因果，讓自己脫離糾纏的苦。

　　然而，戒、定、慧可說是息息相關，有了對於生命真理的智慧，在生活中，我們會自然而然地避免做出令自己和他人產生煩惱的行為，少了煩惱，心就容易安定，而愈安定的心能提高我們對靈性的覺照力量，體會無我空性的智慧，做到真正的尊重，實踐慈悲的利他。

從無我的尊重到達遍滿愛與和平！

　　以上是我對佛教信仰傳統的一點心得報告，希望從對生命的理解與禪修的實踐，能夠讓人與人之間做到相互的尊重，人與社會之間做到相互的和諧，人對自然萬物能如自身般關愛與珍惜，如此，無論我們來自哪裡，都是宇宙大家庭的一份子，相互之間不再有對立與衝突，從無我的尊重到達遍滿愛與和平的地球家。

• 時　間：2007年10月16日
• 地　點：中國・北京

寂靜管理
——管理從「心」開始

　　2007年10月16日至19日，心道法師赴大陸弘法，並於北京大學發表「生命之道——心知道」系列演講。

　　繼2005年心道法師在北大發表〈從本地風光到華嚴世界〉的演講，提出「佛法不是想法而是做法」，而引起北京各界熱烈迴響後，事隔兩年，師父再度受北京大學邀請，於北京大學光華管理學院以「生命之道——心知道」為主題，分別演說「寂靜管理：『管理』從心開始」及「喜歡生命：從喜歡生命到創造美好生命」二個專題。

老師同學們，大家晚上好！很高興能跟在座的各位好朋友一起關心有關「管理」的問題。

　　我們都離不開這個社會而獨立生存，我們都具備了人要活下去的需求與生命過程的共同現象：生老病死。因此，我們如何與自己相處？如何與社會和諧？如何轉

化生命的種種變化而得以自在？這些問題都跟我們的心息息相關。

「自我管理」更為根本！

當前的社會出現了所謂的「三大變化」，就是知識經濟時代的到來、資訊社會的形成以及高科技的迅速發展。這「三大變化」，使我們的世界正經歷一場巨大的變革，對人心也產生很大的徬徨與焦慮，這些壓力造成許多人身心失衡，罹患憂鬱症的人快速增加，公司員工甚至有過勞死的現象。這些現象不僅迫使企業界需要找到一個全新的管理模式來應對，社會各階層也面臨適應這變局的挑戰。因此，除了追求企業業務的拓展之外，我們更特別需要關心自己與員工在工作上與身心管理上的問題。

管理跟我們的心為何有著密切的關係？為什麼管理要從「心」開始談起呢？從早年管理哲學，到現在各種更具技術性、精細的系統理論，無非都反映了不同時代下的需求，目的都是以有效的企業制度，來善用人力、加強員工工作誘因，而達成商業競爭上的優勢。

在探討有效的企業管理制度時便逐漸發現，員工或個人的「自我管理」也很重要，大家體認到自我管理更為根本。隨著經濟富裕但個人壓力卻日增的情形下，除了專業的企業管理，我們更需要重視自我的身心管理。因為物質愈豐盛，資訊愈多元與即時化，人的心靈就愈

加的空虛茫然，我們的內在生活就愈需要一個可以落腳的地方。

「心」不僅是管理別人的出發點，更是管理自己的原點。

　　什麼是自我管理呢？管理別人是一門學問與藝術，但自我管理就更困難，因為它能鍛鍊與涵養我們自身的意志及通達思想，是一種身體力行的實踐力與智慧，這都要從我們的「心」開始，透過認識自己的心，才可以了解生命的本質，化解一切內在與外在的衝突與矛盾，而得到最圓滿的生命。

　　不論是待人還是待己，都要先「帶心」，一切的語言行為都從心念所發動。「心」不僅是管理別人的出發點，更是管理自己的原點；心健康，身心才會真正的健全，也才可做好管理別人的工作。既然如此，要如何管好我們自己的「心」呢？雖然我沒特別學過管理，不過，我帶領弟子就是給他們使命、承擔，讓他們在工作上學習智慧，學習忍辱，學習人際關係，最重要的就是學習降伏自己的心，也真的成就了很多人才。

　　事實上，為了瞭解我們的心靈，從很久以前，中國禪宗的祖師大德就運用了一些特殊的方法，讓自己的身心不斷處於接受極限挑戰的狀態；接受這些挑戰的人就被稱為修行者，修行鍛鍊自己來調伏這個世上最艱鉅的敵人，那就是自己，更明確的說，就是自己的心。

　　心是什麼？我常對我的弟子說：「工作就是修

靈性與人性的探索

217

行。」有個日本企業家問我：「工作就是工作，修行就是修行，爲什麼說工作就是修行？」我說：「你在工作時要不要用到『心』？」他馬上就領悟了其中的道理。

降伏我們的心有什麼好處呢？好處很多。因爲心是欲念蠢動的地方，能夠調伏欲念的人，就會是金剛不摧的人。孔夫子曾說「無欲則剛」，一旦調伏我們的心、克服欲念的妄動，我們才可能進一步認識心的本質。

以當今最進步的科技來看，這些方法還是非常的前衛，因爲還沒有什麼科技技巧可以探觸到我們的心性，而這些探索心性的方法，在這裡我們概括稱之爲禪修。

禪修不只代表打坐、行禪，它還代表一種生活態度，生活中行住坐臥裡隨時都是修心、修行，這叫做生活禪，它更直接，也更困難。一般來說，我們教導禪修

心道法師應北京大學光華管理學院之邀談『心』的管理。

時會從坐禪開始，坐禪有很多法門，通常我會教他們「寂靜修」，這是我在塚間苦行時所修持的方法，這點我待會會再說明。現在，我想先跟大家介紹什麼叫做「禪」？禪的精神是什麼？希望從這裡開始來提升大家進一步了解禪修的興趣。

探索心性的方法，可以概括稱為禪修。

禪就是回歸於「一」

禪就是回歸於「一」，攝受於一，回歸淳樸，用減法，而不是用加法，去剝開作用於心的層層負擔，放下所有執著，讓我們從單純之中充分體會一切生命存在的滋味，從內心去品嘗那份「一」的美與智慧。

北京大學光華管理學院學生聽眾，對於學習非常迫切，原訂晚間九點結束的活動，最後到近11點才結束。

禪就是「當下即是」

其次，禪就是「當下即是」。當下寂靜，當下就能冷靜，一切事物就能瞭然，靈機一動，策略、判斷就越能準確。

如今科技掛帥，訊息膨脹，在高度物質崇拜的情形下，人們的精神就越來越萎縮，身心慢慢地失去平衡，所以我們比既往更需要心靈的安住。而「當下即是」就是我們能夠明白在自性之外，一切幻有，所以當下一念，如實知自心，佛性就當下現成。佛就是覺悟的人，也就是如實見到自性、找回人人都有靈性的人。

為什麼我們要禪修呢？就是要能夠讓我們的心靈淨化，享受到靈性的快樂。當我們漸漸找回自己的靈性，享受到靈性的快樂，自然會慢慢減少物質欲望的追求，自在地享受生活裡每一個當下的喜樂。我們學習禪修，就是去體驗這種單純、樸實與當下即是的喜樂，更重要的是了解自己的心與生命的本質。

「心」是發現生命奧秘的鑰匙，也是探索人生真理的唯一途徑。

接下來，我想跟大家談一下我自己多年來學習、探索禪修的體驗。

我從二十五歲出家，當中經過漫長十二年在破廟、墳墓堆、廢墟與山洞裡獨自閉關，與最後兩年的斷食，其實為的就是求證「心是什麼？」我在想，當我一無所

有，連肉體的生命都奄奄一息的時候，心跟我這個人的關係是什麼？還有我跟其他生命的關係又是什麼？

　　經過長期孤獨、欲望減低、像死人一樣冷淡的情形下，我有很好的機會去觀察自己的心，這是因為透過禪修的訓練，讓我的觀察可以細密的像顯微鏡一樣，一層又一層解剖心理跟物質的關係以及它們最終構成的因素是什麼。最後我發現，雖然我這個身體因斷食而處在死亡的邊緣，但還有一個東西在那裡，不會苦，也不會呻吟，非常有精神，真的是靈明不昧，明明朗朗的，就是那個覺性。在這過程中，讓我看到這個生命真實的就是這個「心」，也就是說，「心」是發現生命奧秘的那把鑰匙，也是探索人生真理的唯一途徑。

　　從此我更深體會到，佛教說真實不虛，生命是這樣的無盡寬廣，自心本性可以與天同壽，個體跟宇宙同是一體的。由於體會到生命共同體的關係，自然更積極的對待一切生命，不是你我的二元對立，而是你及我的相互關連與融合；同時也體現了時間的一體性，也就是過去、現在、未來都在同一個空間，所以對時間更加能掌握而不會模糊它、馬虎它、放縱它。

人就是一個流動的記憶，是過去生的記憶體於現在使用；現在的記憶體，到下一生使用。

　　當我們認識自己的心，知道靈性的存在，就可以了解生命的種種現象，包括生與死：生從哪裡來？死到哪

裡去？真的有死這回事嗎？

我們的生命就是一個記憶體，起心動念與行為的好好壞壞，全部記錄在裡面；人死了之後，就帶著這個生命「軟體」，你們稱「軟件」，到下一生去銜接另一個生命。所以，人就是一個流動的記憶，是過去生的記憶體於現在使用；現在的記憶體，到下一生使用。這個「生命軟件」就是我們生命演化、輪迴的依據。它不斷記憶、儲存與釋出，而當記憶種子流出來的時候，就成為生活層面的種種因緣。善的記憶導致善的因緣，惡的記憶就招來惡的因緣，如是因、如是果，這也是為什麼佛陀教導我們要敬畏因果的道理。

什麼是因果呢？「因」來自於我們的意識心的造作，現象是美、是醜、是好、是壞，這就是區別，有了區別就帶來不同的感受；這些感受形成愛、恨、悲、喜的情緒；這些情緒就決定我們下一個起心動念與行為，造成我們生活中苦樂的變化。這種不斷變化本身其實就是無常，無常就苦，因為人的天性是喜歡「常」，喜歡去預期、去控制事情，所以無常就苦。

這也是為什麼佛陀要我們「轉識成智」，就是將意識轉化成智慧，離苦得樂。可是一般來說，我們都處在意識的變化裡，在這變化裡面因果循環，然後隨著業力流轉於六道的生命形式中。這種流轉、輪迴的生命就是我們的意識心所編造出來的東西，是業力的顯現。這個業就是「果」，果就是果報，現在你的這個身體，以及

你生活中的好、壞、順、逆都是前因所種下的後果。

所以業就是因果的變化，而因果的變化就是生命流動的動力。佛說「一切唯心所造，唯識所顯。」心就是因，識就是業、就是果。所以，我們要輪迴到哪裡去，就決定於我們當下每一個心念與行為。也就是說，輪迴不在未來發生，而是現在就開始了。

我們原始的生命本來就是來去自如；這個來去自如的生命，就是我們沒有生死的靈性。

其實，我們本來沒有生死，生死就是意識編織出來的虛幻不實的東西，為什麼說生死是虛幻不實的？因為我們的意識就如泡沫一樣起滅，「起」就是生，「滅」就是死，同樣的，我們這個身體它是一種果報，它的生滅是記憶體所呈現的意識的生滅，不是真的有什麼生死，是一場虛幻的戲碼，幻有不實。我們最原始的生命，就是我們的本來面目，也叫做如來，就是「這樣的來」。另外，如來也叫「如去」，「這樣的去」。所以說，我們原始的生命本來就是來去自如；這個來去自如的生命，就是我們沒有生死的靈性。

自古以來，祖師大德們一直教導我們的，就是如何去看到自己的這個靈性，如何去認清生命的真相。

我們學好禪修，主要就是強化我們看清一切現象如幻的本質，幫我們把靈性找回來，然後享受靈性、解脫負擔，而當我們再流轉於生命的循環時，就能得到良性

的循環。

　　生命是一個流動性的過程，如果你的流動性沒有循環好，就會是一個苦。所以禪修就是用善的心、和平的心去轉化不好的業力。

　　今天我們輪迴生死，是因為貪瞋癡慢疑，生出種種的心，種種的想法，這一切的想法造成我們的煩惱、罣礙，讓我們受到種種的變化之苦。透過禪修我們迴光返照，看到世間種種起伏不定，變化萬千；察覺到苦空無常，讓我們覺醒而不貪住，因而遠離。經過持續不斷地迴光返照，最後，我們就會照見自己清淨本體，原來是那樣的無垢無淨，無生無滅。

雖然禪修是往自我內心而去，但最終卻是一種向外的開放，一種對宇宙生命的開放與合一。

　　真正在坐禪時，會有一絲絲微細的光明讓你去接近真心，讓人沉澱，把妄想、執著，貪、瞋、癡等一切的習氣沉澱下來，而做到一念覺明。我們將好好地尋找、好好地體驗，好好地感受是誰在坐禪，誰在體驗，慢慢去找尋本來的面目。當我們透過禪修，對心獲得徹底的明瞭，就叫做「明心」；對心的本質能夠了解的話，那叫做「見性」。心性就是宇宙性，當了解心性，也就了解宇宙的一切；若不了解心性，也就沒辦法了解宇宙的一切。因此，雖然禪修是往自我內心而去，但最終卻是一種向外的開放，一種對宇宙生命的開放與合一。

所以我們要禪修。就從小小的起點開始做起，我們先調息，然後開始調身，最後再回到攝心，這種全面化的專一修法，就是佛教的禪修方式。

世界宗教博物館
MUSEUM OF WORLD RELIGIONS

靈鷲山佛教教團
Ling Jiou Mountain Buddhist Society

北大大講堂

寂静管理：「管理」从心开始

演讲嘉宾：释心道　台湾灵鹫山佛教教团开山和尚、世界宗教博物馆创办人

主　持　人：何志毅　北京大学管理案例研究中心主任

主办单位：北京大学管理案例研究中心　《北大商业评论》　中国企业社会责任同盟

时　　间：2007年10月16日(周二)19：00—21：00

地　　点：北京大学光华管理学院101室

演讲嘉宾简历

台湾灵鹫山佛教教团开山和尚、世界宗教博物馆创办人。

一九四八年生，祖籍云南，十三岁到台湾，十五岁有感于观音菩萨的悲愿，以「悟性报观音」、「吾不成佛誓不休」、「真如度众生」刺身供佛，立誓彻悟真理，救度苦难。二十五岁出家后，头陀行脚历十余年，体验世间最幽隐不堪的「冢间修」，矢志修证，了脱生死，觉悟本来。一九八三年初，法师来到福隆山上「法华洞」断食两年余，深刻体悟成佛唯有「度尽众生，方证菩提」。

出关后，建立「灵鹫山无生道场」，展开弘法度生的佛行事业，为现代人擘划成佛地图。二〇〇一年创立世界宗教博物馆。并以禅的摄心观照为本，以教育弘法为主轴，致力守护人类心灵，以推动宗教共存共荣，促进世界和平为职志。

讲座概要

「管理」不仅是从企业组织、信息科技、自我的情绪、时间管理等方面来谈，更重要的是重视自我身心的管理。管理别人是一门学问与艺术，但自我管理则是一种锻炼与涵养，因为我们要锻炼的是实践意志与涵养我们通达的智慧。当我们透过对生命、对灵性的体验这样的角度，去了解我们的心灵，就可以更透彻了解生命的种种现象，认清生命的真相来跟更多人分享，让更多人了解，让更多人可以来一起来探讨学习，让灵性带给我们圆满的生命管理。

活動海報。

• 時　間：2007年10月17日
• 地　點：中國・北京

從喜歡生命到創造美好生命

　　本篇也是心道法師於北京大學光華管理學院「生命之道 —— 心知道」主題所發表的系列演說。

　　心道法師在演講時，鼓勵青年朋友學習佛法的入手點在於「心」，並強調實修是由凡轉聖的過程，也是華嚴聖山的精神。並期望大家能從佛法的智慧中，去找到喜歡生命的立足點，並進而開創美好的生命。

大家好！

　　很高興跟大家一起來談談有關「生命」的問題。題目是：「從喜歡生命到創造美好生命」，為什麼我們要談到這個問題呢？

　　物質文明的進步，相對的也帶來了生活的壓力，社會上產生了許多憂鬱甚至自殺的現象。

人活著，要如何面對生命？這是一個重要而切身的課題。

　　北大的同學們，都是未來社會的精英，透過精銳的訓練都可為社會做出好的貢獻。今天這個主題，就是要

讓大家瞭解，如何能夠在這個時代中不迷失，認識生命的寶貴，進而善用生命，活出生命的價值。

全球化的時代，透過快速的資訊、發達的科技，形成了相互影響甚至是相互依存，相互毀滅的關係。萬事萬物不可能獨立存在，生活中已然形成你中有我，我中有你的世界。在這當中，人類的價值觀常常被媒體資訊所混淆。資本主義的價值有如全能的上帝，牽動著全球的經濟、政治、社會各個方面，帶動人們欲望的本能，對世界的認識，纏繞著理性的算計，這種扭曲的意識型態，無根地漂浮在新新人類的世代，同時也衝擊著東方傳統的精神文明，使得各地亂象叢生，人心不安。

人活著，要如何面對生命？這是一個重要的課題，也是一個切身的課題。至於讀書生涯，尤其是各位，好不容易讀到北大這個最高的學府，又是如何來看待生命以及生命的價值？

讀書的目的是為了什麼？多數的人是為了找一份好的工作，有的人是為了興趣或一種學歷、身份、地位，或許也可以用來提升生命、滋養生活。但是為什麼會有壓力呢？為什麼會因為壓力而憂鬱、不安，甚至傷害自己的生命呢？

自殺是目前臺灣十大死因的第九位，越都市化的地方越高，臺北市已經名列第八位了。平均每四個人中就有一個人想自殺。聽說這裡的情況也是，為什麼這麼不

喜歡自己的生命？如果生命中，有這麼多苦，那如何喜歡生命呢？因此，得先來探討生命的意涵是什麼？

我們可以從小孩子的生命現象看到喜悅與希望。

我們都知道，小孩子剛從媽媽肚子裡被生下來，它還不知道思考生命這個問題，它就接觸到人間這個環境，一開始對環境的反應叫做「哭」。然後眼睛慢慢打開，慢慢有一些知性的時候，它就可以看到生命的活力，什麼都想動、什麼都想學，動來動去、好奇地問東問西，小孩子是很猴性的，對不對？這個就是喜歡生命的表現。

從小孩子的身上我們會發現，生命就是盡量的發生，就是去觸摸，觸摸以後就覺得「怎麼生命這麼神奇！」因為對生命的好奇，就產生對生命的學習，慢慢探討什麼是生命。

我從哪裡來？父母會說你是我的孩子，你是我生的，小孩子還是覺得：我為什麼會來？我從哪裡來…？小孩子生下來就可以看、可以聽、可以知覺很多包括各種知識。所以，他的生命是喜悅的。

另外，獲得這個生命是很難得的，佛法告訴我們要投胎做人，最難能可貴！佛經上以「機緣」來比喻，「高山垂線穿針」：由須彌山頂垂下一條線，山下放一根繡花針，線一掉下來剛好就穿進針孔，你們想想，這

個機會有幾成？這是比喻得人身的機會非常渺茫，很不容易。

第二個比喻，「盲龜浮木伸頭」：瞎眼的烏龜在大海裡，大海裡有塊木板，木板當中有個洞，木板在大海裡漂，瞎眼的烏龜頭一伸出來，剛好伸在木板洞裡；這同樣說明機會太難得，機緣不容易。

另一方面從數量上來比喻，「爪土及大地土」：釋迦牟尼佛當年在祇樹給孤獨園時，當時精舍在修建，佛帶弟子們去巡視，佛在地上抓了一把土然後撒掉，指甲上還有一點。佛以此告誡弟子說：「我們現在世的人，死了以後來生再得人身，數量就像我指甲上的土；死了以後不能得人身，像大地之土。」要在千萬隻精蟲中才能成功結合出一個生命，經由母胎的孕育而有健全的六根四肢，沒有殘缺、沒有疾病，而且能有好的環境存活下來，這是非常低的機率。所以，今天能擁有人身，是行善積福才能有的。

佛教中將生命的型態分類為「四生九有」，「四生」就是《金剛經》中所說的卵生、胎生、濕生、化生；「九有」是指：欲界的地獄、餓鬼、畜生、人、天及色界的非想、非非想等。所有的生命都是唯心所造，唯識所顯，不斷地在流轉、輪迴。無盡的輪迴中，人身是非常難得的，有了人身，我們可以知覺、選擇、創造、享受生命，這都是四生九有其他的生命型態所沒有的福氣。

生命是種子、是希望，而且很難得，我們如何培養它？栽培它？

現在在座的各位，都是經過了重重的考驗、競爭，來到北大念書。大家是爲了什麼目的這麼的「鞠躬盡瘁，死而後已」的辛勤努力唸書？

有多少人還記得自己成長的過程，父母辛苦的養育、師長的教導啓發，這些良善的滋養關係。多數人只想到自己，沒有想過經由許多人的恩德，才能有自己的存在。在臺灣我所蓋的世界宗教博物館中，就設立了「生命之旅廳」，啓示生命初生、成長、壯年、老年、死亡五大階段的意義：

（1）初生：

　　生命是希望的寄託，是奇蹟中的奇蹟
　　再悲觀的生命總會從那瓜瓜落地的梵音中
　　讀出無窮的希望，無窮的可能
　　甚至死亡的憂傷，也常被生命源起的喜悅照亮

（2）成長：

　　成長是生命的徵象，從無到有，從小到大
　　從純潔到智慧，沒有人在來到世間之前，就已準備妥善
　　我是誰，我爲何而來
　　答案只有在生活中去找尋，只有在成長中慢慢成長

（3）壯年：

　　旅途到了巔峰，生命處於滿載

眼界、能力、自信與責任，都已裝備在身上

讓光與能量澤被一切，讓成熟的靈魂好好把握此刻

更須追尋不懈，因為我們接著就要下山

（4）老年：

旅途已接近尾聲，請用最美滿的心情，清點生命裡收成

我們將卸下成敗與得失，更換生命的導航

下一個全新旅程就在彼岸，什麼是永恆的歸宿

讓我們在睡前就已明白

（5）死亡：

死亡永遠站在終點，提醒著我們在有限生命裡

要如何珍惜與學習，現在希望之神，是否

像迎接死的我們，也許死亡關閉了此生的未來

卻開啟了來生的想像

每一個人心中都有追求幸福和脫離痛苦的願望，面對生命本身，希望大家可以歡喜接納。

生命的歷程各有責任、各有意義，但是在現今的時代，我們常常不能反思生命的意義，往往感受到的是競爭，從競爭中大家考上北大，又繼續不斷地競爭，種種壓力就不知不覺的成為大家憂鬱、不快樂的來源。想一想，為了什麼目標競爭呢？當然，競爭不全然是壞的，競爭有兩種：

第一種，是爲了逞強愛面子，爲了要達到目標，贏得財富；意識裡懷有惡意，給別人製造了很多問題，也讓別人起很多煩惱；心靈釋放的都是負面的能量，負面競爭的價值取向。因爲你有負面的想法，所以就有負面的因緣，你的種子就開始去勾結那些緣，然後就變成悲觀的生命。導致即使某些人跟你談話、聊天，聊了就加強你負面的想法，就變成一個嫉世憤俗的人，也就越加強你這個不快樂的心、負面的心，甚至會做出對生命的傷害，不是傷害自己，就是傷害別人。

　　第二種，是努力向上，從比較中相互學習、相互提升，這樣的競爭是積極、正面的自我期許，正面的觀念，就是去連結到很多正面的因緣，正面的因緣能栽培好的生命，這就是樂觀，是「共生共存」的良性競爭。

　　這一些關係都來自我們的起心動念所產生的因果關係，如果是積極、正面、樂觀，就結成良性的循環；如果是欲望、負面，就連結出負面悲觀的生命網絡。

　　當你探討這些東西的時候，你慢慢就會知道怎麼去定位生命，從因到果的生命，心是因、身體是果，因果就是基因、因果就是記憶體、因果就是每個起心動念跟行爲，了解生命就是從這裡探討。

　　明白了這些你可以創造自己的基因，你可以去安排自己的觀念，這些觀念就變成了你的生活。美好的生活或者不美好的生活都是靠自己掌握。

　　每一個人心中都有追求幸福和脫離痛苦的願望，面

對生命本身，我們希望大家可以歡喜接納。縱然面對社會所給予的種種壓力與困境，也能坦然接受並且克服，進而超越。

自我迷失或許透過禪修可以轉化，因為禪修使得內心安定、內在和諧，從內在和諧再創造外在和諧。經由禪修清除內心的障礙達到內心的和平，體會彼此是生命的共同體，生起幫助他人獲得快樂的念頭，就更能學會放下一切，彼此和平相處，也讓我們環扣到整體生命的大能量，然後我們學習怎麼去愛生命、珍惜生命，更能夠奉獻生命。

覺知到內在與外在、自我與他者，在靈性上都是生命共同體，推動靈性道德的價值觀，來治療自身以及這個物化的世界。

就我個人的體悟來說，今天我能為社會做一些事，未來我也會繼續為眾生做一些事，能持續不斷地推動我的這些能量都是來自多年的禪修。

生命喜悅的關鍵在於內心的覺醒，我們從禪修中找到自我與一切生命是不可分割的，因而生起慈悲心、菩提心，希望能幫助一切眾生離苦得樂。

學生時期是生命價值方向的確立養成期，如果這個時候能培養積極而有建設性的生命觀，讓自己不是只為了讀書而讀書，而是為了思想更加的圓滿，將來能服務更多的生命，這樣的人生充滿了無窮的希望，生命的喜樂也能在時時刻刻的生活中體現。

期望大家可以從佛法的智慧中，去找到喜歡生命的
立足點，進而開創各自美好的生命。

　　阿彌陀佛！

錫克教聖地——黃金廟。

・時　　間：2007年11月26日
・地　　點：印度・阿木里查

共創愛與和平地球家

2007年11月24日至12月2日，心道法師應邀赴印北部阿木里查參加第三屆「以利亞世界宗教領袖會議」，並於會議上發表開幕致詞。在這篇致詞稿中，心道法師關切我們應該如何面對和度過當代各種危機，同時期勉以利亞能成為一個利益眾生，兼備理論與實踐能量的機構。

敬愛的各宗教領袖、大會主持人以及與會的學者、貴賓，大家好！

很開心今天能有機緣聚在這裡，為了我們共同的理想——世界和平而努力。因為，共同的理想促成了我與以利亞的這段緣，讓我能參其中就如同我創立「世界宗教博物館」的理念一樣，希望彼此在「尊重、包容、博愛」的前提下，進行宗教交流合作，促進真正的「愛與和平地球家」。

還記得2005年在臺灣，靈鷲山與世界宗教博物館承辦了第二屆以利亞會議，所探討的主題為「神聖的危機」，當時我們從兩個方面來切入神聖性，而這個主

題，其中一個是單純地從宗教的角度來看神聖性的危機，目的是為了解決宗教本身在今日世界所面臨的危機；另一個層面，則涉及人類世界整體綜合面的面向，這不只是宗教團隊的存續與轉型的問題，而是世界全面發展所帶來的挑戰。

危機是每一個時代都會發生的，然而該怎麼樣度過危機，則是我們可以努力。而各宗教的智慧，可說是超越理性思考的究竟智慧，足以讓我們度過經濟、政治、民主、戰爭所帶來的苦難。當人將自己的內心安頓好時，我們才可能度過外在所面臨的危機的變化。

佛教是一個義理與實踐兼備的宗教，在華嚴世界裡，有智慧的代表——文殊菩薩，祂代表了自在、無所執的智慧；也有實踐的代表——普賢菩薩，祂代表慈悲、不退轉的一個願力。理論是用來實踐的，但是實踐除了用來證明理論之外，更重要的是用來讓眾生離苦，讓這個世界更和諧與善良，地球更平安。如果理論不是拿來實踐，那就是空談；實踐不是用來利益眾生，那勢必就是自私的行為。當然，我相信以利亞能成為一個理論與實踐兼備的機構。

在這裡，我們不但從學術角度分析、研究時代所面臨的問題，另一方面，我們綜合宗教領袖的實踐精神，善用宗教內豐富的智慧力，成為正面的生命能量，以積極利他的行動，回應這個時代的訊號，讓人類與這個世界的萬事萬物和平共存、相互提昇。

最後祝福此次大會圓滿成功，讓我們彼此所分享的智慧，在人類的內心當中開花結果，讓慈悲的行動力在地球的每一個角落落實，人世間的苦難將不再有，讓智慧解脫力成為人們生活的明燈。感恩！謝謝！

圓桌討論，左二起心道法師、僧軍法師與默辛達長老。

聖典唸誦。

全球化的省思

（2008～2009年）

　　全球化是現象的滾動，不要在其中失去本有的心，現象、想法與意識是流動性的，要觀照到不變的心性，才是安身立命的依止處。全球化的經濟發展與物質文明都是過路的彩虹，既美好卻短暫，心不要被物質騙了，而是自在感恩且受用物質之美。

倫理與和平經驗

　　2008年2月16日至18日，心道法師應邀前往印度班格羅參加「生活藝術國際中心（The Art of Living International Centre）」主辦的「吠陀哲學（吠檀多）及佛教——促進全球和平會議」，並於大會發表〈倫理與和平經驗〉演說。

　　會議首日，與會的各宗教及靈性領袖代表聯手點燃象徵世界和平的平安燈作為會議的開幕式。古儒吉大師於開幕式談及本次會議的重要性與意義時表示，吠陀哲學及佛教都是世上最古老的宗教之一，也各自隨時代變遷，進行許多調整及改變，他期望夠過更頻繁的交流與對談，使兩者攜手齊行，為世界帶來和平。而為了表達對佛教的重視與對心道師父致力推動宗教對談與和平交流的努力，古儒吉大師特別邀請師父帶領與會來賓及各宗教信眾進行為時二十分鐘的禪修，使與會大眾親身體驗禪修所帶來的寧靜自在與安詳喜樂，也讓這場跨宗教交流會議具濃濃的禪味。

尊敬的古儒吉，各位僧侶、各位宗教領袖代表，以及在座的所有伙伴們，大家吉祥、大家好！

釋迦牟尼佛爲了解決人生共同的問題，生、老、病、死，以及煩惱輪迴的痛苦，所以放棄了王宮的生活，出家苦行，尋找開悟解脫輪迴的方法；如同吠陀的智慧傳統，都是提供一切眾生離苦得樂的道路。

佛教的創始者和繼承者都把倫理作爲信眾實現人生理想的「涅槃」之前提和保障。在佛教根本的倫理苦、集、滅、道「四諦」中，道諦例如八正道，即是實現人生理想「涅槃」的方法，是佛教倫理的重要內涵。

佛教倫理以追求人生解脫爲出發點，以達到解脫境界爲終極目標，是通過止惡修善以達到精神的寂靜境界。由於人生無常變化的逼迫性，佛教認爲人生是「苦」，人的生、老、病、死自然現象是「苦」，人的相互關係和主觀追求等社會現象也是「苦」。

爲了從無明和愚癡中擺脫出來；從欲望的交煎中解脫出來；從現實世界的痛苦中超脫出來，佛教提倡戒、定、慧三學，作爲全面對治人的無明和貪欲，以求得人生解脫。

所謂的戒學是防惡修善的道德修持實踐；定學是調伏自心、排除雜念、觀照人生的心理訓練；慧學是破除我執與知識的束縛，以此斷除煩惱、超越生死，獲得解脫。

佛教奉行的倫理原則可以歸納成三點：去惡行善、

生活的藝術——古儒吉
大師。

會場生活的藝術印度班
格羅靜心所。

和印度小朋友一起上課
的心道法師。

平等慈悲、自利利他，自己獲得解脫之樂，同時也分享給別人。總之，以上所說的是佛教傳統的倫理教導，即使是全球化的今天，人類所面臨的痛苦還是一樣，甚至更多。所需要的智慧、傳統與聖人的啟發更為迫切。

現代世界是一個混亂的世界，生命之間充滿了各式各樣的對立，使個體生命、人與人、國與國以至於天地萬物之間的對待，都充滿了對立性，這導致了現代社會的倫理失調。

我們如何運用佛教傳統倫理的原則，在這個時代具體呈現在和平的工作上呢？以下是我的經驗：例如：我所創建的世界宗教博物館，它是一個多元宗教的對話平臺，實踐真正的對話，轉化衝突。並且從對話中建立共識，促進宗教合作；例如南亞海嘯的發生，我們聯合了臺灣十大宗教，進行了賑災。這都能讓我們體悟到從內心的修養到外在的和諧是與世界和平有關係的。

無論從現世原則或三世輪迴的因果法則來看，佛法都是基於對一切生命的尊重、包容與博愛。真正的尊重來自於無我，最大的包容來自於對空性的明白，而真實的博愛是因為對無盡緣起的體悟。依此來實踐人類社會和諧無爭的倫理道德以及世界和平的生命價值觀。

最後，感謝我們生活藝術的工作人員，也感謝大家這麼多天的辛苦。

蒙古佛教與現代意義

　　2008年5月17日至22日，心道法師應蒙古貝圖佛教中心（Pethub Buddhist Center）之邀，率領僧俗弟子一行十六人前往蒙古・烏蘭巴托，參加「當代佛教在蒙古未來的發展與挑戰」國際會議，希望能對蒙古佛教的復興，盡一己之力。

　　5月19日會議開幕，計有來自十三個國家地區一百多位代表與會、一千五百位貴賓觀禮。心道法師除致開幕詞外，並於當天下午在成吉思汗國際飯店舉行的研討會中，發表〈蒙古佛教與現代意義〉的演說，希望能夠給他們「在全球化時代下，佛教徒如何面向世界？」提供些許經驗及智慧語錄。當晚國宴中，蒙古總統赫巴亞爾特別單獨與心道法師晤談，表示師父的講演令他「印象非常深刻」，而師父則回贈一尊普賢菩薩予恩赫巴亞爾總統。

與蒙古赫巴亞爾總統會面並致贈文殊菩薩像，期許總統能以智慧治國。

全球化的省思

尊敬的恩赫巴亞爾總統，大會主席索南旺秋先生以及各位尊貴的朋友，大家吉祥，大家好！

我是釋心道，很榮幸來到這裡，貴國寬闊的草原、熱情的人民和濃厚的佛法氣息，令我感到十分地熟悉與親切。我來自臺灣世界宗教博物館及靈鷲山無生道場，很感謝能出席此一盛會，殊勝的因緣讓我們聚在這裡，與各位大德一起討論、關心當代蒙古佛教的發展。這是功德利益皆具足的工作，佛法如何融入當代？當代又如何善用佛法？是今天主要的重點議題。

一個自我文化薄弱的民族，很容易隱沒在衝突的洪流中。

世界正處於一個全球化的時代。透過先進的交通、科技，無論是經濟、政治、宗教與文化皆加速地交流，

蒙古國首都烏蘭巴托—蘇赫巴特廣場之成吉思汗像。

社會呈現出多元化的發展，但同時也帶來了多元背後可能的衝突。

在這樣的衝突底下，一個自我文化薄弱或不牢固的民族，很容易就隱沒在這股洪流當中。國家政府有責任平衡全球化下的文化與經濟兩者的發展，不能為了經濟的發展，而失去文化的價值性。倘若失去文化的價值性，也意味著失去了整個民族的生命價值觀。

要確保自我文化的結構與傳承來鞏固國基，必須從教育著手，從小學一直到大學，政府要有一個完整的規劃，讓文化在教育中傳承。當我們的社會有了主體性文化，就能夠去承接與適應多元化的社會發展。

我認為蒙古固有的文化是佛教文化。過去因為種種的歷史因素，毀壞了這樣的文化，但是它的根基還是存

蒙古文化音樂演唱左為傳統樂器馬頭琴演奏。

在的。尊敬的巴庫拉仁波切也是看到這一點，所以積極的復興蒙古佛教。

佛法教育是讓人格完善的生命教育，可與現代文明結合。

佛陀慈悲垂示眾生離苦得樂的法門，早在西元前三世紀便傳入蒙古，但當時的佛教信仰者主要限於少數王室成員，一直到十三世紀初成吉思汗時代，這位蒙古有史以來最偉大的英雄，他讓人民擁有信仰自由，鼓勵不同宗教在蒙古發展，佛教也從這時開始逐漸在蒙古生根發展，與蒙古文化融和為一體。

但在當今全球化和後現代的潮流之下，一切傳統價值都得面對各種難以預期的挑戰，在充滿不確定因素的時代，生命的空間和時間極容易被電視、網路等無孔不入的現代資訊所佔據；主觀上，豐富的資訊似乎讓我們懂得更多、更能掌握自己的生命，好像變得快樂、自由；實際上，這種快樂和自由是短暫、虛幻的。如果全球化下，寬廣的知識沒有建立在良好的人格修養上，就可能製造更多的文明災難。

追求真正的平等和平衡，與佛法生命教育精神一致。

把人民教育做好，才能讓他們具足對抗物質文明的貪欲。就像不丹這個國家，雖然不隨著消費文明波動，但人民卻因為保有自身的文化傳統而快樂。不丹的土地貧瘠，天然環境惡劣，但其「國民快樂指數」卻在全球

蒙古國歷史博物館——最後的皇帝與皇后。

心道法師在「當代佛教在蒙古未來的發展與挑戰」國際會議上發表演說。

備註：這場會議是為慶祝五月十九日的蒙古衛塞節（佛陀誕辰），並且紀念庫碩科・巴古拉仁波切（Kushok Bakula Rinpoche, 1917-2003）九十一歲冥誕而舉辦。

全球化的省思

名列前茅,超越眾多經濟強國,可見有錢不等於快樂。「快樂不丹」的成功關鍵是政府施政得宜和全體人民的價值觀正確,不迷信經濟成長即等同幸福;相反地,他們重視保存固有文化、環境保育、國民教育,以追求真正的平等和平衡,這些都與佛法生命教育精神和宗旨一致。

因此,佛法智慧正好是銜接傳統與現代斷裂的關鍵性樞紐。這裡,我歸納出蒙古佛教和當代文化銜接的幾個切入點:

(1) 全球化、全球視野與本土文化傳承的銜接問題。

(2) 文化、經濟與政府政策的因應和落實問題。

(3) 佛法生命教育觀與整體文化復興的關係。

文化就是慣性生活,文化的核心是神聖性,神聖是人所不能侵犯的,它是整個文化賴以生存的支柱,也是整個民族存在的核心價值。宗教則是文化神聖性的基礎,不僅為神聖性提供了保障,也教導人如何通往神聖之道。這也是巴庫拉仁波切努力的方向——復興蒙古文化神聖核心,重建蒙古固有神聖主體意識,此即佛法僧三寶的神聖性。

我們必須了解,前文所述及的三點是息息相關的,佛法的中道原則最能平衡這當中的衝突和矛盾,一方面保存固有文化,另一方面與全世界進行交流、致力於經濟發展,卻又不失掉自己的根。

推動以佛教文化為主體的觀光產業

　　但真正的實踐落實，是需要大智慧的，這時候佛法的生命教育顯得最為重要。例如，佛法的戒定慧三學，「戒」是過嚴謹、儉樸而慈悲的生活，建立真正符合人道的生活；「定」是調順我們的生命；「慧」讓一切都沒有衝突、沒有對立。所謂上師就是如同佛般的智者，本尊就是我們所要成就的目標，護法就是護持成就的因素，這三根本使我們能在平凡的生活當中產生神聖，從生命依止的皈依到不傷害的菩薩行，來建設美麗的蒙古國度，使這裡的人民充滿幸福，如生佛國淨土。

　　另外，我們可以推動以佛教文化為主體的觀光產業，不但提升人民的經濟收入，並能復興蒙古佛教文化。科技是經濟成長的工具，文化是生活的樂趣、智慧的泉源；在自我文化基礎下，來提升人民的生活品格，促進經濟的發展與政治的安定，才能創造一個良善的循環與美好的生活世界。

　　謝謝大家！

全球化與靈性傳統
——新的挑戰與契機

　　2008年6月，靈鷲山佛教教團與政治大學合辦第九場回佛對談「全球化與靈性傳統」國際會議，這是回佛對談系列首次在臺灣舉辦。會議中邀請來自世界各地的宗教領袖和學者齊聚一堂，討論「全球化與靈性傳統：新的挑戰與契機」、「宗教多元化的認同與歸屬問題」、「全球化時代中各宗教的靈性實踐及社會參與」、「多元信仰環境中的宗教教育」等四大議題。

　　心道師父在開幕致詞時表示，期盼藉由此次會議增進地球健康與人類和諧，以「靈性價值」帶動生命關懷的實踐，並引領全球化的進程，落實善行與慈悲的全球化。

吳校長、各位敬愛的貴賓跟朋友，大家吉祥，大家好！

　　很感謝來自不同國家的好朋友，曾經與我們一起努力，為這個世界盡一份真誠的愛；也感恩與政治大學有

這份殊勝的因緣，能共同舉辦這個具有時代意義的會議；更歡迎年輕學子們，你們的到來是推動美好世界的希望；當然也很高興靈鷲山所有參與的成員，能將你們的靈性關懷，從本土社會跨越到世界。

二十一世紀的今天，我們究竟失去了什麼？社會發生了什麼問題？透過社會現象的瞭解，覺醒到靈性提升的迫切性，又是為什麼？資訊網路的發展，加速了全球化的腳步，充斥的網路資訊使得生活空間虛擬化，人類的心念在虛擬世界中恣意橫行，累積的妄想卻惑亂了純淨的靈性。網路上的世界是虛幻、物化的，不但製造了種種的社會問題，同時從物欲的追求中，迅速的從地球掠奪資源、破壞生態，為人類的生存製造了更大的威脅。此次會議的目的，希望透過宗教靈性的提升，來開展道德的純善，紮根社會的生活倫理，解決人類生存的危機，減少地球環境的災難發生。

我們以「愛與和平」為宗旨，正因人間有愛，世間得以和平，而宗教給人的是靈性的啟發與心靈的依託，因為靈性的光明與良善的本質會照亮眾生的迷惘、尊重差異、化解衝突。

從國際化、資訊化到全球化，人類的生活不斷地在改變，科技的發展可能解決了人類短暫的問題，卻帶來長期的困境；可能解決了物質的滿足，卻帶來精神的空虛，甚至是靈性的迷失。當我們創造網際網路，迅速取得資訊的同時，負面的、過剩的資訊，卻正在混淆、扭

曲我們的心智，尤其是下一代；當我們的生活因為科技的進步，在享受種種方便與舒適的同時，我們的環境卻遭到嚴重的破壞和污染；當我們津津樂道能創造機器人、能複製基因的時候，人類的倫理道德正在崩潰；當我們在推動和平的時候，戰爭與衝突就在醞釀著，強大與先進的武器，更是毀滅地球最快速的工具，無論是中東戰爭或世界各地的災難，都是發自人心動念的累積。

我們希望深入探討，當人們追求世界的發展時，如何清楚地瞭解到什麼才是人類自身真正的利益？如何從每個人心靈深處找回那份純真以及「無緣大慈，同體大悲」的清淨本性，遠離貪婪、瞋恨等種種虛幻，隔絕自我偏見的誤導。

其實，宗教對話是很務實的工作，透過對話達成「他者」與自身的共融，最終達到宗教之間的和諧與平衡關係，圓滿「自身」，也圓滿「他者」，最後「自他」融和。雖然，「他者」問題有待更深一層的探索，我始終還是相信：愛與和平的精神，是各宗教原本的宗旨，也是內在的靈性。

地球，是我們賴以生存的家，如何讓每一個人能在短短的一生中平安，同時也讓現在和未來的人類都平安，就要真誠地愛地球這個共同的家。推動地球一家、世界和平，需要共識、關懷與使命感。十多年來，我一直致力於宗教對話與合作交流的工作，從國內極少數人的認同，到今天有更多團體與佛教組織的參與，這個工

作不是一種形象的塑造，也不是自我教義的宣傳，它需要真心、誠心、耐心、愛心，更重要的是一顆無私的心，才能真正的持續對話，真正的永續「救地球、愛人類」的神聖志業。

我衷心的盼望，能藉由此次會議的智慧結晶，推動人類世界的覺醒意識，不破壞、不摧毀生命與地球環境的存有，增進地球的健康、人類的和諧，以真誠的服務與奉獻，讓彼此在差異中和諧共存，讓彼此生命的網絡互相輝映，顯現純真美善的生活世界。

最後，非常謝謝大家的到來，願大會圓滿成功，一切吉祥。

大會第一場分論壇左起James Fredericks神父、心道法師、行政院蔡勳雄政務委員、Michael von Brück教授、杜維明教授。

專題報導：
佛法與全球化一個佛教徒的全球化態度

大家好！

相信無論在哪一個時間、哪一個空間，作爲一個佛教徒對自我以及一切生命覺醒的關懷是不會改變的，時空中一切發生的現象都是用來印證生命的存有，對於面對全球化的議題上，我的態度仍然是一致的——讓自身以及一切眾生覺醒與解脫自在。

全球化串起了人類的生活脈動，當我們受用全球化利益的同時，也要防止它所帶來的危機，很明顯的，我們可以將這些危機分爲兩大項：一是地球環境的破壞，它威脅到人類的生存世界；另一方面是人類心靈的破碎，它將造成了人類沈淪的長期困境，而這兩者交織出不安以及混亂的生活世界。

地球環境的破壞，來自於人類爲了滿足自我的私心，不惜一切代價破壞自然生態，取得所謂經濟的成長與消費指數的提升。這一切無情的破壞，人們誤以爲自己獲得並掌控了一切，實際上，受害的還是人自己。人類作用於自然，相對的自然也反作用於人。溫室效應、臭氧層破洞、緬甸風災等傷害，在大自然強力反撲的同時，更加突顯人的渺小脆弱。

　　另外一方面，則是不可見的傷害，也就是心靈的傷害。由於全球化下資訊媒體的快速傳播，加速各地文化的融合與衝擊，帶來了經濟弱勢國家的文化衝擊與文化殖民的危機。文化是人們生活的依據，也是社群互動中的規範與倫理，當人賴以生活的本質一旦受到傷害，人的價值觀就會混淆，進而造成精神世界的虛無，與自我靈性的迷失。

　　從佛法中可以理解到：真實現象是沒有虛妄的，它是真實性，真實性就是本質；而全球化是時空階段的呈現，是一種虛妄性。本質就是能在虛妄裡不變動，本質不礙於一切虛妄，而虛妄是在實體上作用。在實體裡，實性不增不減，增減生滅的是虛妄的時間變化。在變化中成住壞空、生住異滅；在實體中，人類發展出以全球

會議圓滿大合照。

化為介面的虛妄結構，由此開展出種種現象，再加上時間概念的區隔，在時間不斷地流動當中，我們究竟要把握什麼？又能把握什麼？

今天，我就一個佛法的實踐者，提出三種面對全球化的生活態度：

明辨虛實，對生命實相的覺醒，保有自身文化傳統美德。

我們不但應該、也只能附歸在實體的本質上，去面對適應時間不停地變動，物質生態不斷循環生滅，這時我們應該反省：如何保持固有文化，並接受多采多姿的生命歷程，如同每個人都會經歷生老病死，在這當中對生命產生不同的感觸跟看法。同樣地，全球化也是有時間性。而這些歷程都是生命的體驗。佛法是告訴我們如何體驗當下的覺知，並了知虛幻，認識實相。這當下的覺醒可以透過戒律、禪定與智慧觀察的練習來發現。

全球化是現象的滾動，不要在其中失去本有的心，現象、想法與意識是流動性的，要觀照到不變的心性，才是安身立命的依止處。全球化的經濟發展與物質文明都是過路的彩虹，既美好卻短暫，心不要被物質騙了，而是自在感恩且受用物質之美。

慈悲喜捨的利他菩提心。

除了當下的覺醒之外，做一個佛教徒的生命態度，更不要忘了慈悲喜捨的生命實踐，在經濟全球化的誘惑

下，以慈悲喜捨作為利他的實踐力。所謂慈悲喜捨就是利他菩提心，就是實踐愛與和平地球一家的工作，何謂家呢？就是不同的組合，家庭有不同的成員扮演不同角色，而不要變成只有一種角色。

經濟全球化感召人類自私貪婪的心，吞沒了良知，使人失去方向感、找不到自己與生命的價值，浪費生命辜負此生。因此，佛教徒除了在自利的實踐上保有自己的文化傳統之外，也能在利他的實踐上，以慈悲喜捨來對待一切的發生。

是圓滿自利、利他的願景。

從慈悲喜捨的利他精神裡，相互對話與合作，講不物化的全球化，以精神靈性為基礎，遠離貪婪迷惑的全球化，鋪成慈愛人道的全球化。一切的對立關係是來自於沒有正確引導的認知，如何轉變認知，消彌對立？對立性是因為沒有認知到全球一家、地球只有一個。一切物種的存在都是稀有珍貴的，而且宗教的存在都是歷史文化種族的智慧遺產，我們應該品嚐欣賞各自的存在，而不是相互對立、彼此傷害。

如何避免全球化時代人類生存的危機？先從生活的本質開始，從部落到社群，文化就是賴以生活的本質，而靈性的神聖與純淨，則是本質中最核心的部分。適應外在虛妄世界、肯定存在的價值，恢復本來具足神聖的靈性。

佛教以皈依佛法僧三寶為其學習的神聖基礎，以苦集滅道來對人生現象的觀察，以戒定慧為實踐自在解脫的方法。

　　佛寶就是神聖的指標，法寶就是傳聖的能量、僧寶就是作聖的教育，讓神聖流傳到後代。如同至聖先師孔子之所以為聖即是教導與啟發。佛陀透過「四聖諦」苦、集、滅、道的神聖教授，說明了人生現象，並為人生問題找出解決的方法。他說明了世間的一切苦的現象、苦形成的原因，教導人遠離痛苦的方法，並證明了離苦滅苦的極樂境界。而離苦得樂的方法亦即戒、定、慧三學。戒，就是生活的軌則，遵循戒律所教導的，帶領我們往神聖的本質前進，不迷失於外在現象；定，就是整理與調伏我們生命偏差的軌則，讓人安住在純潔神聖之中；慧，就是讓人在神聖與世俗之間安然自在沒有障礙。

　　現代是一個過度解放的時代，每個人過度解釋人權而將自我極大化，表面上看起來，獲得了自我的自由，實際上卻是最大的不自由。世界是一個意識網絡的連結，是緣與緣、心念與心念之間的關係，如果大家的意識經過過濾，願意互相奉獻、互相成就，全球化的連結就會是善緣無限的延伸；相反地，如果人人纏繞在自我意識、自我利益的妄念裡，整體的世界就會是個苦果、一個衝突與痛苦的現前。

　　在全球化下，我們要追求的不只是人權，而是人道、人性。佛法就是講人道的理性思想，透過戒、定、

慧來保持內心的和諧與外在的和平。讓我們懂得如何以
中道去面對全球化與物質，只求生命基本的飽暖，而不
是追求永無止境的舒適與奢侈。佛法讓我們在生活中產
生神聖，在清純戒律的教導下，過著慈悲喜捨的生活，
如此心就能找到皈依的方向，神聖也就在這當中產生。

佛法與全球化，是心與物的交流、對話，人是當中
的載體。當我們懂得開放地遵循古法時，就能夠品嘗存
在的價值，在全球化的時代裡安然祥和。這一切的基
礎，就是在喚醒靈性道德、找尋神聖的生命價值、在沒
有對立的多元世界中，保存固有文化的智慧與生活趣
味，以靈性道德來滋潤現代化的時代。

吉瓦（Munir Jiwa）博士就伊斯蘭女性藝術家研究發表專題報告。

善意與敵意
──宗教對待他者的態度

　　2008年，第九屆回佛對談回到她的起源地「世界宗教博物館」來舉辦，師父期待這場回佛對話能夠站在過去八場的豐富經驗上，繼續討論出未來的目標與實際的方向。其中一場以〈善意與敵意：宗教對待他者的態度〉為主題的圓桌會議，心道法師聽了與會學者的討論，除了表示贊同，並且認為這些論述開闊了我們的思維，並且合乎時代的需要。本篇文章即是心道法師在聽完大眾的意見後，針對宗教間應該如何相互尊重、理解以及相處的問題，提出自己的經驗與看法。

在這次對談裡，非常感謝大家的討論與建議，不但把我們整個想法打開了，而且也符合時代的需要。

　　釋迦佛在沒有證悟以前，同時學習了九十六個不同的宗教，並沒有排斥任何宗教！在印度有那爛陀大學，也聚集了各種宗教人才在學習；所以佛陀對各種宗教有這樣的尊重與學習，身爲祂的弟子，我們也應該有同樣

的態度。

　　我在十六歲時就認識伊斯蘭教的朋友：那時候我們在當兵，軍人嘛，都在一起吃大鍋飯，我吃素，那個穆斯林也吃素，所以我們兩個吃素的就特別投緣。他常常在大小事上指導我，所以我一直很感恩，從那時候開始就和伊斯蘭教有很好的緣起。

　　籌建博物館的時候，我們到土耳其參訪，曾經有十七、八個人去拜訪「拉曼」這個組織，結果受到他們熱烈的招待，他們準備的食物非常豐富，一定要讓客人吃出陽臺（指肚子胖起來），才算能表達熱忱！他們對朋友真的是盡心盡力。從那時候起，我跟「拉曼」組織一直到現在十幾年來，關係都非常的密切，彼此都存有感恩的心。爾後，我也常常拜訪伊斯蘭教，每當他們在參拜的時候，我都覺得很感動！因為伊斯蘭教的參拜跟我們佛教打坐的感覺竟然這樣相似，可見二者的磁場都是一樣的。

　　跟馬教長（中國回教協會副秘書長馬孝棋先生）剛開始也是不怎麼熟，後來愈來愈熟就變成朋友了。當然，在不熟以前彼此都有些忌諱，慢慢熟悉以後，他會把他的忌諱告訴我，我就接受。而我是沒什麼忌諱的，可是他有，我一定要尊重他。所以，我覺得他當我是朋友才肯講，如果不是朋友他就不講了。

　　在南非，遇到伊斯蘭教的朋友，我也是把握機會告訴他，我要籌建世界宗教博物館的事，但是他好像還有

些疑問，所以邀請我們上樓去坐坐。起初我們很緊張，覺得好像要被審問似的，可是等到他們唸完《可蘭經》以後，就請我們吃餅乾、喝奶茶。因此，我便向他們闡述世界宗教博物館的理念，請教他們有沒有什麼想法？會不會做成以後，對他們不禮貌？聽過我的說明，他們

覺得為了和平做這件事是很好的！到了要說再見的時候，還留我們吃飯，一直從樓上送到樓下來。所以伊斯蘭教的那種熱忱、真誠，我是很感動的！

佛教所講的五戒，第一個戒就是「不殺生」，就是不可以對眾生的生命不尊重！殺、打、鬥、侵略這方面，佛教徒是絕對禁止的！如果做了這件事，就是違犯戒條。所以這一條不殺的戒律，應該是彼此探討和平、創造和平的基礎，我想這份宗教理念大家應該都一樣。

在全球化的今天，早已是個大融合的時代。佛陀尚且學習了九十六種不同的宗教，由此去探討真理，我們每個人在對應各個宗教的時候，更應該充滿智慧與慈悲，才不會因為差異而爆發很多的爭議。就算有差異，也可能是在儀軌上的區別罷了，講到內在的呈現，都是具有慈悲跟智慧的！

我們跟伊斯蘭教長期以來一直有很好的互動；對其他的宗教也希望達到我們追求的目標 —— 愛與和平地球家。希望在二十一世紀資訊多元化的時代，在沒有辦法選擇依靠跟方向的時候，每一個宗教都可以合作並堅持領航，讓人們走出痛苦！這是我一直在發願，也想跟大家一起分享的！謝謝。

生態療癒與地球權利

　　2008年8月30至9月6日，心道師父赴美展開「愛與和平」弘法之行，並出席「愛與和平地球家（GFLP）」與菲律賓駐聯合國使節團（The Philippine Mission to U.N）共同於紐約聯合國總部合作舉辦的「邁向地球家：第十屆回佛對談」國際會議。這是自2002年在紐約召開第一屆回佛對談後，首度重回美國，並且在聯合國舉辦，因此顯得格外深具意義。

　　第十屆回佛對談於9月3、4兩日在聯合國紐約總部舉辦，會議在千禧年世界和平宗教高峰會議秘書長巴瓦・金（Bawa Jain）、菲律賓駐聯合國使節團常駐大使賀賴瑞（Hilario Davide）、聯合國大學紐約總部辦事處主任金馬克（Jean - Marc Coicaud）與心道師父等人開幕致詞後展開。心道師父於開幕致詞中表示：如何讓地球家更平安、更和平是每一個人的責任，宗教界應該從溝通與理解中，打破隔閡、化解誤會，建立跨宗教對話的機制，並扮演積極引導和平的角色，尋求化解衝突、對立之道。

　　本次會議為期兩天，分別舉行三場論壇及一場宗教聯合記者會；會議主題分別為「和平與人權」、「貧窮與社會不平等」及「生態療癒與地球權利」。

全球化的省思

269

各位敬愛的貴賓、各位好朋友，大家吉祥！大家好！「生態療癒與地球權利」這個議題，爲何會在今天回佛對話裡談論呢？因爲它已經威脅到整個人類的生存與地球的永續。宗教對人類欲求的超越性，將是一帖可能的良藥，從療癒人類的心靈到療癒地球生態的創傷。

人人都有責任和義務來關愛地球這個共同家園。

自從十八世紀的工業革命開始，伴隨而來的經濟發展與現代化生活的追求，帶動人類整體物質生活水平提高，但同時，地球生態環境開始一步步被破壞，一天不如一天。其實，工業化、經濟成長、科技發展、整體文化的現代化，所有這些現代文明的出現和發展，本來並不全是壞事，甚至在很多方面是可以幫助全世界更多的人。然而，問題癥結出在這股已經持續了兩百多年的現代化思潮，背後的世界觀和價值觀的偏差。

簡單的說，它背後是人類中心主義的價值觀和世界觀以及二元對立的思維模式，認爲大自然與人類的存在是不相關的對立存在，於是，爲了人類自身利益，理所當然可以不斷去宰制、剝削大地和海洋，忽視地球與自然萬物的一切權利。因爲過度的開發資源、加上沒有適當節制和規劃的工業發展與都市化，使得森林、草原、濕地大量的消失；野生動物逐步走向滅絕之途，很多物種從此在地球上消失。

地球的生命是一個整體的結構，大氣、山川、大

地、海洋、森林、動物、礦物乃至於所有元素，全部都像一個生命體的細胞一樣，彼此息息相關，任何一個環節被破壞，都會傷害到整個地球的生命。而我們今天面對的，是整體生態遭受到嚴重破壞，如地球暖化、天氣異常、臭氧層破洞擴大，空氣和水資源等都被污染；加上戰爭殺戮、核武試爆，地球真是傷痕累累、千瘡百孔，隨時都可能會有意想不到的天災反撲。

近年來，世界各地頻頻出現大型天災，歐洲大風雪、北美颶風、南亞海嘯，以及最近發生的緬甸百年風災和四川世紀大地震，所有這些天然災害的發生都不是純粹偶然的，其中都與地球生態失衡有莫大的關係。全球化下的今天，每個人的生命，無論是經濟、文化或社會都是息息相關，不只是村與村的關係，已經是如同家庭中的父母兄弟，所以人人都有責任和義務來關愛地球這個家。

人類必須妥善照顧地球家園，用愛心善待萬物。

根據伊斯蘭教義，真主阿拉把管理天下萬物的權利義務賦與人類，人類必須妥善照顧好地球家園，用愛心善待萬物。依照伊斯蘭教的《聖訓》記載，先知穆罕默德禁止人們對樹木亂砍濫伐，也不能對野生動物亂捕濫殺，並且號召大家多植樹造林。穆罕默德說：「任何人若手中擁有一棵樹苗，即使末日來臨，也要把這棵樹種下去。」又說：「對一隻動物的善行與對人之善行同樣

可貴，對一隻動物之暴行與對人之暴行有同樣的罪孽。」

接下來，我們從佛教思想來看環保與生態：

從「無我」破除人與人、人與自然的二元對立。

佛法的「無我」智慧，能夠提供對治人類中心主義的世界觀和二元對立的思維模式所引起的種種弊端。由於對自我的執著，產生了貪婪和欲望，認為只要有利於「我」的，一切就為「我」所用，對「我」的這種執著，必然會生起貪、瞋、癡三種煩惱，然後又會反過來強化我執。當我執愈重，自我中心和二元對立思考就愈來愈強烈，三毒煩惱便不斷加強「我」的執著，如此便形成「惡」的循環，這個「惡」強加於大自然身上，就形成對天地萬物的操控與破壞，地球權利就會被剝奪！所以，「惡」的源頭並不是「現代化」本身，而是這個想控制一切的「我」。

佛法「無我」的觀念，就是針對這個「我執」對症下藥，超越自我中心的世界觀和價值觀，並且打破二元對立思考模式，破除人類宰控自然的「惡」循環。只要轉化這個「我執」的「惡」循環，天地萬物就能從被人類宰制的命運之中解放出來，失衡和受傷的生態便可以慢慢地調養、復原，最終地球這位大地的母親將能自我療癒。

因「眾生平等」的生命共同體思想，而能珍惜一切資源。

除了以去除自我為中心的執著，以「無我」智慧療養生態、降低人類的貪欲與對立、化解衝突之外；佛法中「無緣大慈、同體大悲」的理念，更立基於眾生平等的精神上，看待萬物，認識到天下一切有情無情之物都是彼此相互關聯的整體生命，這是佛教華嚴經「一即一切，一切即一」的根本道理。

當代的環保思想，經過多年反覆思考與探索，提出「環境倫理學」和「深層生態學」等富有深度的思維，反省到自然界的一切萬物都應該有他們的基本權利，像人有人權，所以，動物也應該有「動物權」，草木應該有「草木權」，人類與草木、山水、動物等天下萬物都是生活在同一個「社區」，人類必須超越自我而平等對待萬物。這些「深層」的環保思想同樣是視大地與天下萬物為「生命共同體」。

根據佛典記載，佛陀時便有環保、生態議題，例如，在王舍城附近的摩揭陀國，由於人們濫墾亂伐、破壞水土，導致天氣異常浩熱，甚至出現乾旱等嚴重災害，於是佛陀制戒規定「不應斬伐其樹，不應焚燒林野」，並且鼓勵當地國王和民眾廣植森林。

不殺生戒，即是環保、愛地球。

佛教在基礎的生活規範中的不殺生戒，除了是尊重生命的慈悲精神，更是以生命共同體的生態平衡理念相

關。所以，小到微生物，大到宇宙整體，都應該被平等尊重。

　　像佛陀時代就有專門保護「小生命」的方法，因為印度天氣炎熱，生物繁盛眾多，出家人除了結夏安居，避免出門踩死許多蟲蟻之外，佛弟子在日常飲用水時，為了防止殺生，取水都用濾水袋過濾，再將小生物放回江河。雖然這只是一小動作，根據現在生態學研究，每一種小蟲，在地球上都有他的功能，都對整個生態系統起作用。

　　印度古代，篤信佛教的阿育王，廣植樹林來庇蔭眾生，並且設立動物醫院，頒布不得殺生的法令，可說是印度古代「動物保育法」的範例。佛法傳到中國後，更是開展出素食和放生，讓不少物種逃過被殺戮殆盡的命運。當愛心擴及萬物時，人類又怎會相互殘、相互征戰呢？因為是生命共同體，所以我們更需要無私地慈悲愛物，不製造戰爭與武器，使得和諧無爭，地球受到的傷害也相對減低。

佛門的簡約生活，是降低消費主義與資源浪費。

　　佛教僧團的生活是非常儉樸，以禪修攝心，不歌舞伎樂，不香花塗鬘等，都是簡約樸素的生活觀念，有別於追逐物欲時尚的消費主義。今天我們正在面對有史以來最嚴峻的生態失衡、環境破壞等等的地球危機，而人類本身可能是導致這場危機的元兇，根據「世界自然基

金會」（WWF）於2006年的「生命行星報告」指出：當今地球天然資源被消耗的速度，超出地球再生的速度達25％，如果持續這種消耗生態資源的速度，到2050年的需求將是地球所能生產的兩倍，到時候極有可能發生「生態系統崩解」的大浩劫。所以，我們每一個人都有責任和義務扭轉乾坤，化解地球家園的這一場危機。

佛教講慈悲與智慧，因為緣起無自性所以講無我，因為無我所以不會有對立與衝突，無論是人與人、人與自然之間都能和諧共處。又因為生命共同體，靈性間的相依相存性，所以對有意識的生命與無意識的物質元素，都能慈悲關愛他們。透過戒律的行持，規範自身的道德倫理；透過禪定的實踐，降低欲望，升起對與萬物同一體的大悲心，並在無我的自在無礙的智慧中，與人和諧相處，與萬物友愛互動，這即是佛法的靈性生活，自然也是與大地相處之道。將之落實在日常生活中，就是「心靈環保、生活環保、地球環保」。

當然，對於地球家園的根本保障，基礎還是要針對每一個眾生的「心病」來對治，「心」治好了，每個人都會以最大的敬意和慈悲心來善待天地間的一切萬物，也會以最大的愛心來愛護地球家園，這是佛法環保智慧的菁華，也就是《維摩詰經》說的「心淨則國土淨」的精神所在。

感謝大家！謝謝！

• 時　間：2009年3月29日
• 地　點：中國江蘇・無錫

當代佛教修學體系的實踐與展望

　　2009年3月28日至4月1日，心道師父應邀至中國大陸江蘇無錫參加兩岸四地首度合辦為期六天之「第二屆世界佛教論壇」。

　　此次論壇主題縱深及廣度規模都號稱首見，計有全球五十四個國家、一千二百多位佛教領袖及各界學者出席盛會。此次論壇選在無錫靈山梵宮聖壇前舉行盛大開幕式，並舉辦「千僧齋」大過堂祈福，場面宏觀浩大，大會最後並於臺北巨蛋舉行閉幕式，過程莊嚴圓滿，堪稱兩岸四地近年來最浩大的佛教盛事。

　　心道師父應邀參與3月29日於妙光堂舉辦的第二場「佛教修學體系的建設與反思」討論，發表〈當代佛教修學體系的實踐與展望〉演說，並於現場引起熱烈討論。下午，心道師父與中國黑龍江省佛教協會會長靜波法師共同主持分論壇的第三、四組討論，心道師父引言時指出：本分論壇「佛教修學體系」即是「成佛的體系」，同體大悲，非在宗派系統上分高下。此番見解也相當程度的扣緊了本文所欲闡述的旨趣。

全球化的省思

各位長老、各位大德，以及所有來自海內外的善知識，阿彌陀佛！

很高興有機會在這個殊勝莊嚴的環境中跟各位分享「當代佛教修學體系的實踐與展望」。

佛教的根本精神，在於追求覺醒的生命和正覺的世界。

現代文明的隱憂，源自人心迷失，人們一味追逐外在物質的欲望，對自己的內在心靈就是視而不見，最終為自己及環境帶來難以評估的禍害。

佛教的根本精神在於追求覺醒的生命和正覺的世界，引導世人清楚外在世界的虛妄不實與內在欲望的顛倒無常，提供人們安心、安身，以及圓滿生命的價值。這個價值就是「佛教修學體系」，因為它揭櫫一套核心理念和實踐法門，將人從無止盡的「外求」，轉換成輕安自在的「內求」，向自己的內在、內心的心靈復歸。

學佛最重要就是開始的發心，發了菩提心之後，就要落實戒、定、慧。戒是一切善法的基礎，它能隨時管控、審核自己的心念，這是具足學習靈性之法的條件。而學定，是在善持戒法之後，把生命中不好的雜質慢慢的清理掉，較能進入禪定而任持覺性的光明。慧學，則是透過聞思學習而來的佛法義理，但這還需要禪定的持明觀照，從觀照諸法緣起的空性，而獲得真正的智慧。另外，還要建立對佛法的「信仰」，這份信仰就是對眾生的愛心，在行菩薩道過程中，開發我們的覺性光明。

希望佛法弘揚，給這個對話的時代帶來真誠的互動與真正的和諧！

　　靈鷲山的教育理念是「傳承諸佛法，利益一切眾」。在靈鷲山教團成立之初，第一個志業就是世界宗教博物館的啓建；其背後所彰顯的意義，正是菩提心的具體表現；也祈願在全球化、多元文化的世紀降臨之際，得以透過宗教對話的網絡，將佛法「和諧世界」的一個理念普遍傳布，令地球平安、世界和諧。

　　我是出身在戰亂中的一個孤兒，從小體會到生命的苦難與無常！從墳墓塚間苦行及斷食閉關，來體證生死和涅槃解脫之道。從這個基礎，發展出「修行弘法」的四期修學體系，效法世尊從華嚴證量到阿含教化爲起點的一個教育體系。

　　首先，以培養初學者，如何成爲一個出家人、成佛法器的阿含期；主要是以「僧格道念」的養成。

　　其次，是建立佛法的根本見地，學習如何運用於生活職事的般若期；著重在「僧伽慧命」的養成。

　　第三，是實踐菩薩道弘法利生的法華期；著重「發起菩提行願」，就是發菩提心、鞏固菩提心、成就菩提心。

　　最後，第四期是培養成熟而具足世界觀，能住持一方的華嚴期；能成就實證修行力、佛學專業力，以及宏觀的弘化力。這個修學體系中每一期都有經典的依據，

雖分四期，然而整體的學習跟修行，都不離開當下的真心與菩提心！

我出家三十餘年，體會到佛教修學有其次第性的必要，但也有其靈活性。三乘可以互相圓滿地修學，成就內羅漢、外菩薩。而靈鷲山結合四期教育體系，並體現於生活日用與歷年舉辦的各種活動中，主旨在接引眾生，讓他們有機會來修學「內羅漢」的一個禪定次第與「外菩薩」的一個慈悲度眾，成就相依相存、互相依持、眾緣和合的和諧世界。

今天在這殊勝的盛會中，跟各位善知識報告我的自修以及弘化的心得，希望佛法弘揚，給這個對話的時代帶來真誠的互動與真正的和諧。祝福大家！

江蘇省無錫梵宮。

禪修與體悟

　　2009年7月初，心道法師一行人前往歐洲的瑞士、波蘭和英國，進行為期十天的參訪行程。此次歐洲的行程主要有三部分：

　　從2日到5日在瑞士參加由Lassalle-haus修道院所舉辦的國際會議，主題是「禪、卡巴拉及基督宗教的神秘主義」。心道師父在會議中發表〈禪與卡巴拉會議——一場對談：與心道法師相遇〉的演說，除了與聽眾進行熱烈的討論之外，也和猶太教和基督教的宗教學者及宗教領袖對談。

　　6日到8日飛往波蘭，參觀奧斯威辛集中營博物館及波蘭文化古城克拉科，並於8號晚上與錫克教長老默辛達進行座談。

　　9日到10日再飛往英國伯明罕，參加另一個會議，因為伯明罕大學計劃在當地籌建一座世界宗教博物館分館，所以邀請心道法師與會分享籌館經驗，並跟當地各宗教代表及伯明罕市長和議長一起用餐，10日當晚，錫克教的朋友們也主辦了一場歡迎晚宴。

　　本篇演說是7月3日晚上心道法師在瑞士修道院和大眾分享他個人的禪修經驗，會議中有許多猶太

教和基督教的學者和修行人，他們都很希望能瞭解心道師父在禪修的見解和實證經驗。心道師父首先說明各宗教都有類似的修行法門，接著他通過自己的禪修體驗，來說明禪修的意義，以及禪修應該如何進行。心道師父在這場演說中，特別針對他在修行時斷食和閉黑關的經驗，以生動活潑的方式，說明他當時的心境變化，以及如何在這個「只剩下死的感覺」的過程中，重新認識、掌握自己的「心」，心道師父也在演說中簡單地分享他的禪修教導方式。

Lassalle-Haus修道院。

大家晚安，今天我們聽了一整天跟神秘主義有關的討論，或許神祕從外力而來，或從內證而生。佛教把神祕當作是一種禪修的過程。「禪」是心外無物，還有什麼比心更神祕的呢？明白了，就沒有神祕了。所以，佛教是在作一種去除迷惑，證入真實的工作。

一、修行的意義

　　所以，首先我要跟各位分享的是修行的意義，許多宗教透過靈修的實踐來領悟生命的真諦與上帝的福音。這些宗教並非單純講究感應事跡或是神秘經驗，其背後還是有自己完整的信仰內容，通過這個信仰內容，形成具體的靈修實踐法門。

　　在各種宗教中，對生命真相的探討與修練，有哪些相類似的法門呢？

　　例如：卡巴拉的信仰，是藉由「生命樹」的觀念來引導出它背後的整體思維和修行模式，生命樹是卡巴拉思想的核心，它的基本構造是十個由上至下，排列而成的球體或領域（Sphere／Sefirot）。神性，也就是無限的光，從最上方的球體王冠（Crown）流溢下來，依序創造了這個宇宙。

　　因此，由上至下來看，生命樹說明了神創造宇宙的歷程；當我們換個角度，由下至上來看，生命樹就指出了人類從最下方的領域（Kingdom）出發，循著光源回歸於神的途徑。和其他傳統的神秘主義類似。卡巴拉信徒

以冥想、祈禱或其他特殊的修行方式淨化靈魂，逐步攀升至生命樹所揭露的更高領域，達到與神聯合的境界。

又如蘇非教派：可以分為肉體和精神方面的修煉，兩者相互依存、作用。肉體的修煉包括苦行、節食、禁欲，藉由減低身體欲望的需求以追求靈魂的淨化；精神方面，通過內心沉思冥想的方式接觸阿拉，他們把敬畏阿拉之心，轉化為對阿拉無私的愛，不斷地嚮往、讚美阿拉，期待能通過修行向真主復歸，靜坐沉思是他們的修習方法，而主要的宗教儀式是「齊克爾」（Zikir），意思是記得、回想起，實際做法是高聲或低聲念誦「清真言」、讚美阿拉，並搭配音樂和旋轉舞，以消解自我中心，進入無我、恍惚出神的狂喜狀態，到達與阿拉之間神秘冥合狀態。

再如佛教密宗的「軍荼利」（拙火定）：由丹田拙火之燃起，貫通於全身上下和內外，其中最關鍵的是中脈的七輪，海底輪、生殖輪、臍輪、心輪、喉輪、眉間輪、頂輪，未經修行者的七輪被習氣和煩惱所障蔽的，若能生起拙火的修行人，其拙火熱力（紅菩提）是循中脈上升到頂輪，能淨化一切不淨蘊界和煩惱業障。接下來，拙火融化頂輪白菩提心液，並從頂輪往臍輪下降，打通中脈，能生起四喜、四空等殊勝境界，進一步修煉，則是邁向最終涅槃大樂的終極理境。

而道教的「存思」也是一例：道教是通過煉神、服氣、存思、守竅、坐忘等各種方式，達到去病延年、神

靜氣安、乃至長生不老、成仙成神的渴望。而「存思」就是通過觀想、冥想來修行的一種法門，舉例來說，存思中的「內思」法，認為人身各部位皆有神執掌，人通過觀想身內各種部位不同的神，讓氣在體內運行流轉，久了之後，就可以與天地之神相通相應，達到去病延年之功，修行日久甚至可以天門（頂門）自開，飛升仙班，達到與道合一的境界。

這些教派雖然分屬不同的宗教信仰體系，有各自的教義內容、信仰生活、靈修法門，但卻是「異中求同，同中又存異」。從不同的宗教信仰與體驗途徑，進入生命本有的光明，這個過程，修行者多是需要經歷過一些相同的歷程，例如：真誠的虔信、真心的懺悔（悔過）、寧靜的靈修、良善的動力、真愛的湧現等等，這一切都將是回到圓滿無暇的生命過程。

然而，雖然「求同」，但是在修行過程中還是「存異」。同樣是靜坐冥思，未經親身體驗，就無法理解。

因此實踐與體證是很重要的，所謂：如人飲水冷暖自知。以下我就個人熟悉的宗教體驗作分享與討論。

佛教的修行，最基本的是講「諸惡莫作，眾善奉行，自淨其意」，也可以說是戒律、禪定、智慧三學，更擴大成利他範圍可以說是：布施、持戒、忍辱、精進、禪定、智慧六度萬行。布施、持戒是修行的基礎，禪定和智慧則是修行的眼目，因為有定力，生命的方向才能掌控好，有真正智慧才不會偏差，而修行的目的就

是要離苦得樂，透過禪修而明心見性，回到每人的本來
面目，達到圓融無礙的境界。

佛教的禪宗，有些時候也被視為是神秘主義教派，
但是它的修行法門其實是相當自然、活潑、生活的，一
點都不神秘。禪是一種自性光明的體現，通過修行讓染
污的「世俗之心」轉化成「清淨之心」，這個在佛教來
講叫做明心見性或是自性光明，而過程需要通過禪修。

二、禪的修行觀

（一）禪修的下手處在「心」

禪修的首要在心，所以禪修的下手處在心。佛教禪
修重要的經典《金剛經》如是云：「若以色見我，以音
聲求我，是人行邪道，不能見如來。」人會煩惱是這個
心，沒有煩惱也是這個心，如何讓這個心無煩惱？就要
瞭解、參悟這個心，若能了悟這個心，就能遠離痛苦。

人會執著、痛苦，是因為控制不了自己的心，無法
見到沒有執著的自性光明，無法知道無執的自性光明才
是生命的真正出路，若能了知心性的光明遍照，不再自
我束縛，人也就解脫了。所以，心就是禪，禪就是心，
禪修的整個過程，都是繫於此心。這也是我們必須用功
的地方。一直參透到「無所住而生其心」。

（二）禪修的關鍵

再來，跟在座各位分享禪修的關鍵之處，《禪秘要

法經・卷上》講到了：「欲求無為道者。應當繫念專心一處。」一切眾生原本都具有本明、本空的靈覺真心，但是因為無明煩惱的染著，以及貪、瞋、癡、慢、疑五毒的作祟，生活充滿了種種煩惱、不安，並且一再循環、輪迴，讓心污濁不明，也讓人無法解脫、輕安、快樂。事實上，每天我們都無時無刻不在使用自己的靈覺真心，只是一般人從來沒有發現它。打坐、禪修就是對靈覺真心的召喚。

（三）有經驗的老師及正確的方法

最後，有經驗的老師及正確的方法是相當重要的。若是方法不對或沒有正知見的話，天天坐也沒用，要有正確的禪修老師引導，找到正確的禪修法門，是相當重要的。

三、我在禪上面的實踐方法與體悟

（一）我的幾次禪修體驗

《默照銘》：「默默忘言，昭昭現前；鑒時廓爾，體處靈然；靈然獨照，照中還妙。」現在，我跟各位分享一下我自己的修行體悟，先談談我的幾次禪修經驗。

（1）墳場修行：

我有很長的一段時間都在墳場墓地修行，當時我潛修「默照」的禪悟功夫，無間斷地反覆默照自己的靈性，使得清明靈覺能呈現出來。那時候的我，身處在墳

墓和荒塚當中，身旁都是四大消散的眾生，一切世間紛紛擾擾似乎都沉靜下來，在這個當下，心中是相當沉靜的，沒有什麼雜思亂想，只有心的清淨明朗，體悟到自心無論從過去、現在、到未來皆本來如是，我不停地繼續反覆觀照自身的修行，達到直透於本來的「靈光獨照」。這種「靈光獨照」的感覺，是非常輕安、靜謐、舒適的。

（2）兩年斷食：

「兩年斷食」，是我修行過程中相當重要的體驗。斷食期間，我每天只喝一些水，和服食九粒花瓣煉製的百花丸，來維持生命所需的最低能量。這段期間，因為肉體的折磨和生理反應的改變，會讓人的欲望減輕到最低，一切雜想都消失了，只剩下死的感覺，而超越肉體存在的「覺知」會越來越明顯的穿透出來，讓人更清楚的思考：我的煩惱在哪裡？「死」是什麼？在覺悟跟生死之間，有什麼樣的關係？這時候，自己的心念更細膩，更具有綿密的觀照力，幫助我們明瞭心性，加強微細思惟，讓靈性光明清楚明白。所以，正確的斷食體驗可以幫助禪修。

（3）閉黑關

修行過程中，也曾經進行二十一天的閉黑關，對我影響很大。「黑關」就是看不到光亮，這蓋一切光源，讓時空中所接觸，都成為黑暗，一絲亮光都沒有，彷彿除了黑暗，剩下的只有自己，在這種情況下，唯一能做

的是「面對自己」，看到自己心底的心念和靈光，整個生命的雜質就慢慢清理掉，一切都逐漸沉澱、純淨，到最後即能清清楚楚地徹悟「什麼是本來面目」，這也是禪修獨具的智慧。

（三）我的禪修教導方式

再來，跟各位簡單分享我教導弟子的禪修方法。「直指人心，見性成佛」是我一開始修行的法門，也是我後來帶領弟子修行的法門。可是，大部分人一開始學佛禪修都不得其門而入，於是我根據自身多年來的禪修經驗和禪悟體驗，整理出接引初機者學習禪修的一套方法，我稱它為「平安禪」，分成四階段：

（1）首先是調息，屬深度呼吸，調身的方法。

（2）訓練專一，讓心專注在所緣境上的法門。

（3）覺知呼吸，覺知呼吸的出息和入息。

（4）聆聽寂靜，聆聽無聲之聲。

前面三階段是由粗至細的漸次地調整身心，幫助我們身心內外的收攝，以達到平靜的狀態。在身心調整至一定程度的專一，即可進入寂靜修的觀照階段。再進一步深入的法門是：寂靜修，這是我多年以來在塚間墓地苦修所參悟的修行方法，這是對傳統觀照禪修法的淬煉和精簡化，並且透過無分別的聆聽，聆聽安靜、寧靜，從寂靜中認識自己的靈性，慢慢會體悟到自己內在無限的自性光明，這是無止盡的覺醒境界。

另外，給高階的弟子所做的訓練：「參話頭」，中國禪宗的臨濟宗，講求的是「全機大用、棒喝齊施」的教導，只要方法得宜，在日常生活的行住坐臥等任何情況之下，幾乎都是有可能契入禪的開悟境界。

參話頭看似平常簡單，其實內裡又暗藏開悟的無限機鋒，常用話頭有「萬法歸一，一歸何處？」、「念佛是誰？」、「父母未生前，如何是我本來面目？」，這些都是禪師們用來引導學人攝心觀照，生起疑情，使其能迴光返照，消除身心的束縛，引導學人對真理的思維，從思維中去領悟真理。

四、結語：同歸方寸之靈修路

綜合上述，我們可以作個結論，就是一切修行法門，都是同歸方寸之靈修路。佛教的禪修法門最大的特色是超宗教、超宗派性，無論是哪一宗教的信仰者，或無神論者和不可知論者，都可以來參與禪修，來參看自心的本質。依照我們禪門的說法，這是所謂的「百千法門，同歸方寸」。而根據我個人的經驗，禪修絕對可以達到解除痛苦煩惱，修復人類破碎「靈魂」的功效，這也是卡巴拉、蘇菲、基督教神秘主義，甚至是道教等修煉系統所追求的解脫目標。

今天很高興能在此和大家分享我的禪修體驗，如果大家有興趣，就讓我們一起來參與、體驗一下禪修吧！

Lassalle-Haus修道院負責人Christian Rutishauser SJ神父。

Lassalle-Haus修道院內部走廊。

奧斯威辛集中營火車的終點
站。納粹從歐洲各國押運猶
太人到此地。來到這裡一下
火車就分男、女、老、少,
體弱的直接就送進毒氣室。

我們每個人在這裡點燈祈福、默禱、希望已過世
的亡者及未過亡者都能將這仇恨與被仇恨沉寂,
讓這件事的生還者充滿了愛和慈悲、及寬恕。

• 時　間：2009年7月7日
• 地　點：波蘭・奧斯威辛

用「心」對話的療癒之路

　　2009年7月7日心道法師一行人及10多位各國不同宗教人士來到波蘭，參觀了二次世界大戰時候所遺留下來的歷史傷痕──集中營，之後並在韋伯教授以十二年時間所建立的Galicia猶太博物館內與錫克教長老默辛達就「療癒創傷：和平與和好之路」進行座談。

　　心道師父在參觀完集中營後，發表了一小段參觀奧斯威辛集中營的感想：「屠殺、殘酷、仇敵 這是個浩劫，讓我們用擁有的光明慈愛去突破這個黑暗，讓時間埋葬仇恨與被仇恨，讓浩劫不再發生、讓他沉寂。」

　　敬愛的馬印達幸上師、韋伯教授，愛馬仕基金會的夥伴，所有的與會者，大家好！大家吉祥！

　　這是我第一次到波蘭，在參觀過奧斯維辛集中營後，感觸很深。感激大家給我機會，讓我分享內心的感受。我的主題是「用心對話的療癒之路」， 我將從一個修道者的角度，來分享我的經驗與看法。

　　今天參觀了美麗的波蘭小城。昨天看到了整個集中

營的一切，感受到一種神聖，也見證到犧牲者的救贖，讓人類從這樣的救贖中反省。希望波蘭這個可愛的國家能永遠平安美麗。

猶太人被屠殺是一種救贖，讓人類反省到殘酷只會帶給人類更大的痛苦；慈悲將帶給人類莫大的溫暖。人的一念之間可以讓全世界得救；但一念之間也可以毀滅整個世界。願我們用本有的光明突破一切黑暗，讓時間埋葬仇恨與被仇恨，讓人間殘酷的殺戮不再發生，讓他沉寂，讓一切轉換成無限綿延的慈愛。讓人類的優越感轉化成慈愛的分享，彼此理解、沒有對立。

在參觀奧斯威辛集中營的同時，許多畫面從心中浮現，不僅是納粹屠殺猶太人、還有南斯拉夫的種族淨化、中國的南京大屠殺，想到在戰火底下掙扎、哀嚎的生命，讓我內心感到悲憫與不捨。到底為了什麼，這樣恣意的傷害生命？甚至把殺害生命，當成榮耀的事情？

這歷史傷痕，何時才能療癒？

佛教的大覺者「帝洛巴」曾經說過：「一把火炬，就能驅散千年的黑暗」。我們如何找到那一把智慧火炬，消除一切對立關係呢？這把火炬，其實就在我們的心中。佛教有句話說：「萬法唯心所造」，自我內心想法，決定了我們看外在事物的觀點。

仇恨種子如何消融？

我們共同生活在一個地球上，彼此生命網絡休戚與共。衝突與戰爭所帶來的痛苦與仇恨，如果沒有被消融，將形成人類整體的生存危機。所以我們要問：「到底記憶中的仇恨種子，如何消融？」

首先，我們需要觀察自己的內心，與因緣的流轉，都是變化無常。

生活中所遇到一切，都與我們過去所做的一切有關，這些行為，成為記憶的種子，存在我們內心深處。當因緣成熟，這些種子，便會萌芽變化，構成我們和他人生命的內容。要用時間來沉澱，觀照自己的內心與外在事物的變化都是因緣條件組合，是認識仇恨種子的第一步。

其次，用覺醒的力量，回到本來純真的自己。

由於時間、空間的轉變，外在的環境以及彼此的內心，都已經隨之改變，我們不需要困在已滅的過去，去迎接新希望、新生命。再者，要把握當下，以愛連結未來的生命關係，對於「已作的善，令它增長；未做的善，令它升起；已作的惡，令它斷除；未做的惡，不令升起。」通過上述四種作法，不斷調和自我生命與他人的關係，進而跟世界的萬事萬物和諧共存、共榮。

最後，透過正視苦難的溝通與對話，讓彼此走出對

立、化解衝突。

仇恨的存在，對受害者及加害者，都是一種痛苦，兩者同樣都需要療癒。從內心透視、理解仇恨的本質，在現實生活中，進行溝通對話，在對話過程中，「相互理解、相互寬容」。

就像第二次世界大戰的慘重死傷，讓許多國家，都陷入歷史傷痛中。但是，戰後，各國在謀求人類和平與發展的思惟下，積極推動和諧的溝通與對話，儘管開始時困難重重，然而，長期持續的結果，也使得令人聞之色變的核子戰爭，從未發生；也讓許多原本相互仇恨的國家，彼此合作，共創全球和平與發展。「歐盟」就是很好的例子。

一個和尚的具體實踐結果

我自己年幼時，因為戰爭的關係，也經歷親人生離死別的痛苦。我用苦行的觀照和思維，明白與穿透仇恨和痛苦的本質，讓生命不再受苦難記憶的牽絆，更積極行持利他的工作。而創辦世界宗教博物館，就是希望能創造一個理想的對話平臺，讓對立衝突，被和平所取代。

世界宗教博物館的理念就是：

（1）尊重：就是對自我沒有執著，因為不執著自身的優越，所以懂得謙虛與尊重他人。

（2）寬容：是對一切眾生都是平等，因為生命之

間，是相互依存的，所以大自然與地球上所有的生命，都是平等共存的，既然如此，寬容，將是和諧共存的規則。

（3）博愛：是每個發生，都值得珍愛，唯有相互珍惜、關愛，才能真正體會透過良善連結的生命網絡。

尊重，寬容，博愛是我建宗博的理念。

華嚴世界的呈現

我們用誠摯的真心，連結無盡的善緣，來成就覺醒的世界，所以希望未來建立宗教和平大學，傳播和平的種子。

今天，我們站在這片曾經充滿歷史傷痕的土地上，不只為了緬懷過去的苦難，而是要透過這一段歷史記憶，讓我們明白，天堂與地獄的差別，是來自我們的心，瞭解、療癒必須從心開始，通過對話而相互理解，明白化解對立與寬容放下，才能真正安樂。

願愛與和平的種子，永遠存在你我心中。

謝謝！

使命的結合

——世界宗教博物館為人類傳布愛與和平

　　結束波蘭之行後，心道法師於7月9日前往英國伯明罕，此行是應伯明罕大學教授韋伯教授的邀請，前來瞭解伯明罕世界宗教博物館籌建進度，於7月10號發表當初在臺灣籌備世界宗教博物館的心得演說，並激勵他們籌備博物館的信心。

　　伯明罕世界宗教博物館籌建小組於兩年前成立，目前已召開五次籌備會議，並且受到當地市政府與宗教團體的支持，心道法師此行也會見了伯明罕市長Michael Wilkes及夫人，他們相當支持此一計畫，演說結束後，心道法師與市長夫婦以及宗教博物館籌備小組人員一起用餐，並聽取籌建伯明罕宗教博物館的進度報告。

　　心道法師此次演說，是他籌建至開館以來的點滴心路，特別是在遭遇各種質疑、挫折的時候，他如何堅持下去；同時也傳達了他對和平的渴望，希望號召、影響更多人能夠參與這個志業的實踐。就像他在演說中所提到的：「宗教博物館的使命就是將這普世的理念與大家分享，讓彼此和諧共存，共同創造一個愛與和平的世界。」

全球化的省思

敬愛的韋伯教授、與會貴賓大家好：

今天很榮幸來到這裡，與各位一同分享籌建世界宗教博物館的故事。

如各位所見，我只是個出家人，出生在戰亂的年代。從小我沒有父母，倚靠親戚扶養，在緬甸邊境生活。為了可以讀書識字，孩提時就到游擊隊去當小兵；從小就看著戰爭的殘暴，與人世間的苦難。

十三歲，我隨著部隊回到了臺灣。成人後，便決定出家。追求真理與生命的究竟。在個人修行的過程中，我瞭解到，即便個人的生命是無常與變化，而世界卻是互相影響的，個人決不可能置身事外；更何況，修行人要有智慧與方法，來幫助自己、利益他人，求得生命的圓滿。

1989年，我對弟子們說，我們來籌設一座博物館，把世界各個宗教的知識、經典、倫理與教義，用文物、研究、教育，把宗教「共同的」「愛與和平」的訊息傳佈出去，讓世人瞭解宗教的「真、善、美」！

那時大家都覺得這想法很荒謬，是一個不可能的事情！也有弟子說，我們是一個佛教團體，為什麼不蓋佛教博物館就好，偏偏要蓋世界宗教博物館？

在沒有任何人力、物力、財力的情況下，我帶著弟子們開始到各地觀摩學習，並謙虛地叩門，拜會各大宗教團體，進而有機會參加國際性的宗教會議，開始傳達這個理念。

經過博物館的詮釋，每個人彷彿是歷史的見證者。

1995年，在美國華盛頓首府，我們參訪了「猶太浩劫紀念博物館」，第二次世界大戰，希特勒對猶太民族進行的大屠殺事件，經過博物館的詮釋，每個人彷彿是歷史的見證者，看完之後，非常感動，低迴無語。

一位弟子指著柯林頓總統碑上的話「Peace」！及孩子們寫下的「Never Again」（不要再一次）！表達了人類最悲切地、最深刻地期許！

我告訴弟子：「各位，我們要籌設的世界宗教博物館，就是要像這樣的一座博物館！是為表達一個重要的理念！也為下一個世紀種下和平的種子！」早在博物館籌備之初，我和弟子們就不斷遍訪世界上各個重要的博物館，例如：大英博物館、大都會博物館、加拿大文明博物館、俄羅斯宗教歷史博物館等。希望能參考前人的智慧和經驗，來作為籌建宗博館的基石。

當確立博物館的理念是「和平與愛」，也確立要以結合傳統展覽和現代科技作為博物館呈現的方式，我們就此更積極開展博物館的籌建工作：因為沒有錢：就由我們原有的信徒開始發動，發起全臺灣各地，認同這份理念的人，每個月每人兩英鎊的募款；這份善念也感動了一位善心人士，在都市地段捐贈博物館的地，讓我們有了2000坪的場館。

因為需要一流的人才：我們努力尋找到紐約浩劫

博物館的展示設計師奧若夫先生、拜訪了哈佛大學世界宗教研究中心主任蘇立文博士，請他們提供最能詮釋這個理念的精彩設計以及世界宗教內容。經由跨國團隊的努力，逐步轉化為令人震撼的展示空間、讓人感動的影像、豐富的研究資料。

博物館另一項文物的採集，也讓人傷透腦筋。我們以人口及歷史選定了十個世界宗教，及介紹臺灣當地的信仰，也就表示需要十多個不同宗教的文物。文物很貴，而且有些就算有錢也買不到。很多文物，除了博物館採集、國際拍賣之外，也有借展、捐贈、甚至是宗教領袖的禮物：天主教教宗若望保祿二世、達賴喇嘛、泰國僧皇、甚至伊斯蘭世界回教聯盟，都紛紛送來他們的祝福，我們甚至是第一個非伊斯蘭組織獲贈「天房罩幕」。

錫克教的文物也因錫克教友人的支持與奔走，而使聖物完整地展現於大眾的面前。我們很感謝這些禮物，也代表各界逐漸對我們認同，這些聖物現在博物館中，它背後所蘊藏的「尊重・包容・博愛」的精神，被以故事般深刻烙印在觀眾心中。

世界宗教博物館的成功，來自國際各界的認同與鼓勵。

1999年12月，我受邀參加在南非開普敦所舉辦的「千禧年世界宗教領袖和平高峰會議」，把這座籌設已久的博物館，當作二十一世紀宗教界予全球的獻禮，除

了歡迎大家到臺灣來參加開館之外，更重要的，是希望把這份精神傳達出去。然而，世界和平並非如此容易到來，人類的對立與仇恨依舊影響世局，2001年2月阿富汗政府轟炸巴米揚大佛，毀壞人類千年的文明古蹟、911恐怖攻擊事件及10月開戰的阿富汗戰爭，為全球帶來緊張局勢。

我們除了與各大博物館與大學共同發起「維護宗教聖地古蹟」，呼籲全球重要宗教、文化及政治領袖們共同投入搶救世界宗教聖地古蹟的行動，更呼籲大家冷靜和談，化解衝突。

就在我們準備11月開館時，來自全球34個國家180多位的國際友人，以行動表達他們的支持，飛抵臺灣支持與見證這個重要的里程碑，並且共同簽署了「世界宗教和諧宣言」，呼籲以愛及真誠的行動，化解宗教的衝突與戰爭的不義，以慈悲與虔誠之心，追求宗教愛與和平的真理，滋潤人類的心靈。

這些來自各界的認同與鼓勵，支持我在博物館開館之後，以行動開啟宗教文明間的對話。因著十多年的國際交流經驗，從2001年開始，更舉辦十幾場系列「回佛對談」，藉由各地的宗教、政治、文化領袖的相互認識與交流、對話與討論，作為和平交流的基礎平臺。

另一方面，博物館秉持著創設的理念，執行「介紹世界宗教文化與藝術」、「全民生命教育」的目標，服務了自幼稚園的孩童、青年學子、學術研究、國際宗教

友人，實踐這個全民教育的工作，傳承給下個世代。

我們在博物館看到了世界各地多元與豐富的宗教與文化，瞭解要互相尊重；體驗愛是每一個宗教的核心價值，人們要愛自己、尊重自己的生命，所以不要輕易自殺、傷害別人的生命；該如何將愛展現在生命中，所以要瞭解知識與真理，知道為人的倫理與責任。

世界宗教博物館的使命就是將這普世的理念與大家分享，讓彼此和諧共存，共同創造一個愛與和平的世界。然而，世界宗教博物館不止是在臺灣的一棟建築物，更重要的一環是人的參與，把這個理念帶出去實踐，影響他人。

今天，我們來到這裡，是要為伯明罕籌備世界宗教博物館而努力！這座博物館已經擁有您們的支持與參與，這將是歐洲地區重要的資產！

您們中間或許也像當初臺灣的籌設情形一樣，心中有許多的問號，認為還有許多問題需要解決！請容我由衷地說明，「請在對的時間，作對的事情！」

為了人類倫理保存、文化與教育，我們必須由小做起、堅持地去作、耐心地讓人認同，一步一步。

上帝、安拉、佛祖，已經預見這份重要的使命。各位愛與和平的使者們，您們需繼續合作與努力！我們也將與您們肩並肩攜手前行！

希望未來可以有更多分享與討論！

祝福大家生命更豐碩！謝謝大家！

受伯明罕市長之邀，前往市政廳與市長Michael Wilkes及夫人一起用餐，報告世界宗教博物館分館的進度。

愛與和平

——信仰與實踐的合一

　　7月10日晚上，心道法師應邀前往錫克教聖堂，受到錫克教默辛達長老和信眾的熱烈歡迎，並在此享用錫克教晚餐，心道法師在這次晚宴中發表這篇名為「愛與和平：信仰與實踐的合一」的演說。

　　在演說中，心道法師也相當推崇錫克教的社會實踐能力，以及他們在對話和和平議題上所做的努力，並且感謝錫克教在臺灣世界宗教博物館籌建時所施予的幫助。

　　從中午到晚上，心道法師的演說念茲在茲的，都是如何通過宗教博物館的籌建，來實踐愛與和平地球家的理念。這種發自宗教師內心最深切的渴望與呼籲，感動了不少在場的人士。有默辛達長老當場承諾願意捐地作為博物館籌建之用。

全球化的省思

敬愛的巴巴吉、宗教博物館籌備委員會所有的委員、以及各位來賓大家好：

很開心有機會與各位見面，這次來到伯明罕，首先要感謝大家的熱情接待，更感謝信仰的力量，把我們連結在一起。我跟錫克教的友誼很深，從我籌建世界宗教

錫克教聖堂，建於70年代後期。這是錫克教設在伯明罕的分支，總部在英國倫敦（GNNSJ）。

博物館開始，就得到錫克教熱心的幫助。後來在許多正式的國際會議場合中，都看到錫克教徒熱心的參與與服務，更聽到巴巴吉智慧的語言，這份神聖的友誼帶來了我們許多次成功的合作對談，也相信將持續地完成對這個世界更多的使命與奉獻。

　　我是世界宗教博物館創辦人，也是一個出家修行者，藉此機會與各位分享這雙重身分交織而成的感想。就我這一生來說，佛教無疑是我最大的精神支柱，佛法的教導，讓我明白此生的存在價值與意義。誠如世界宗教博物館是建立在尊重、包容、博愛的理念上，這些理念來自於我的佛法體悟。宗教信仰與生命實踐是分不開的，就如同佛法說「煩惱即菩提」，在生命實踐的過程中，每一個當下都可能讓我們證入菩提。

　　兩天前當我親眼看到奧斯威新集中營的一切時，這個苦難的見證，提醒了我們：在活者的時候，我們只有兩件事要努力，那就是「覺醒與慈愛」。時時刻刻保持一份對生命的覺醒與對眾生的慈悲這就是修行。如同所有的聖者所教導我們的一樣，從對萬物的謙卑接納我們的慈愛，從對生命的尊重取得神聖的力量，當我們關愛苦難的同時也看到了神對我們的啟示。

　　這也就是世界宗教博物館的理念：尊重每一個信仰，尊重彼此的差異，讓差異轉動彼此的互動與能量，讓生命在不斷流轉中找到新的方向與出口，尋找到和平共存的生活模式與生命經驗。

　　我們只有一個地球，沒有了地球，再多的差異也沒有辦法展現，再美好的事物也沒有存在基礎，珍愛地球最好的方法就是人類合諧共處，沒有戰爭就沒有破壞，因此，為了我們，更為了我們的下一代，我們必須攜手努力，共創愛與和平地球家。

　　如同那納克上師，當初就是為了化解印度教與伊斯蘭衝突給旁遮普當地居民所帶來的傷痛與傷害，在沐浴中領受了恩典之後，創立了錫克教，成功轉化了兩個信仰彼此誤解的傷害。在今日，巴巴吉繼承了這樣的恩典，不斷促進宗教間的對話，為人類、為地球找尋和平的道路。他們都沒有因為信仰而放棄社會實踐，反而是將自我信仰完全實踐在社會之中，我與世界宗教博物館也是這樣的關係，我將生命中體驗的佛法精神體現在宗博館，並與其他宗教交流對話中，分享生命的精義。

　　我們需要更多的人，一同來做這樣的事，把愛與和平的種子不僅埋在心中也與他人分享，這不僅需要有形的宗教博物館，更需要存在每個人心中的世界宗教博物館，一座由尊重、包容、博愛所創建出來的博物館，願從此時、此地開始，每個人都成為社會中活動的宗博館，共創愛與和平地球家。

　　感恩大家，謝謝。

默辛達長老Bhai Mohinder Singh為目前伯明罕
錫克教之精神領袖。

用餐前要先洗手、擦手，
聽說以前還要洗腳。

錫克教女性義工到聖堂廚房服務，做事時也不
間斷的唱頌聖歌。

錫克教聖堂內的聖典，由義工24小時不間斷的持誦。

全球化的省思

311

心道師父
海外弘法
開示

（1991～2009年）

我們解讀生命的黑盒子，就是了解生命是一個記憶體，了解生命就是一個因果。如果我們不了解生命是記憶體，學佛就是為了了解因果、了解生命如同基因、如同記憶體，我們要複製智慧而豐收的記憶體。

- 時　間：1994年4月8日
- 地　點：美國‧康乃狄克州

佛法、生活與禪修

1994年4月6日至18日，心道法師首度赴美。此次心道法師遠赴美國弘法，是受美東華僑弟子所邀請；期間，心道法師為當地信眾指導禪修，並參觀哈佛大學、耶魯大學，舉行「佛法、生活與禪修」之演講講座。就像心道師父在其中所說的：「禪修是對心的瞭解的一個入口，佛法也是一個覺悟的法門。」

會後參訪哈佛大學時，心道法師並拜訪了哈佛大學世界宗教研究中心主任蘇利文教授（Dr. Lawrence E. Sullivan），並且為日後世界宗教博物館之建設奠下長期合作的契機。

各位大德、菩薩，大家晚安！今天要跟大家談「佛法、生活、禪」這三者的關係。

佛法就是存在宇宙的一個真實的事實。

生活裡面，有很多機會讓我們去發現生活的真實性是什麼。

首先，佛法到底是什麼法？佛法就是存在宇宙的一

個真實的事實。這真實的事實，我們以什麼管道去了解？星相學、地理，還有命理學，都要老師去教，而這個真理，我們無從知道，幸好二千多年前的釋迦牟尼佛在印度發現了這個事實的真相，透過釋迦牟尼佛，我們發現、揭曉了自己的本來面目；這個真理、本來面目，我們都具足，沒有人失去過，我們就在真理裡面生活。

但是，我們是否知道自己是在真理裡面生活呢？我們常常覺得生活是那樣的無常，變化非常地多，似乎不像真理，我們有感情的痛苦、事業上的痛苦、貧窮的痛苦，還有富貴的痛苦，感覺到生老病死也是非常痛苦，所以在感情的變化裡面，我們覺得比較苦。例如：釋迦佛是一位王子，他生下七天以後，母親就去逝了。然而他對母親死去的記憶非常地深，一直到他十八、九歲，娶太太、生孩子了，覺得太太很漂亮、孩子很可愛，也覺得爸爸太愛他了，春夏秋冬都給他建了一個宮殿讓他去享受。他覺得母親這麼早就離開他；他的太太、小孩那麼可愛，有一天也會離開他；爸爸對他這麼好，他更捨不得，而爸爸老了，總有一天也會離開他；所以決定出家學道。

痛苦來自我們對境界的感受。

釋迦佛經過了成長、出家、求道、修道，他發現生老病死這個問題實在很大，所以他在十九歲時出家，拜訪了九十六個老師，每個老師都傳授部份的真理給他，

累積了九十六個真理，但是他仍然覺得沒辦法解決這四個問題，到最後他選擇了苦行。六年的苦行，他一天只吃一點點的東西，即使他頭上有鳥在做巢、下蛋，並不管牠；身體被樹藤綁起來了，他也不在乎；就算只剩一副骨頭架子，屁股上的皮可以拉二尺，不過仍是不究竟，沒有辦法解決生老病死的問題，最後他採取思維、思考的修行辦法。於是，他離開了那株綁他的樹，到一棵菩提樹下進行思維的修行，很久以後他發現：在清晨很早很早的時候，天上的星星怎麼這麼亮！奇怪？我的心跟天上一樣那麼亮，連內在每個人的心也跟那星星一樣地亮，他發現到每個人的心光，真理就在那裡！如果這個心有問題，那都是因為因緣的無常變化；這些痛苦都來自於我們對境界的感受。我們每個人面對的都是感情、事業、環境，不管怎麼對，都是我們的心去對這些境，因為我們對這些境產生情感的關係，所以就會有情的變化。

一切境相的緣都是靠有緣就生，無緣就滅。

　　想要解脫、離開這種痛苦，就要看清楚因緣。所謂因緣就是現象，看清楚現象本身的真實性，每個現象都是非常短暫，有緣就生，沒有緣就滅。就像花，水分足了就活下去了，空氣有了就活了，太陽有了就活了，土地有了就活了，只要缺一個就不活了。所以，我們存在是有條件的，當條件不夠時就不存在了，這些現象的本

質就不是永恆的。脫離痛苦、脫離輪迴最根本的地方，就是心，也就是眞理。我們每個人不管信什麼教，可是離開你的心，什麼教都沒有了；離開你的心，任何眞理也都不存在了，因爲我們的心沒有發現，所以什麼都不存在。

釋迦佛覺悟以後，祂就了解到心的眞實 —— 我們的心不會死。也許我們穿一件貓的衣服，也許我們穿老虎的衣服，更有可能我們今生所穿的衣服是人的衣服，但生命是一直延續下去、演化下去的，所以我們每一生都穿了不同的衣服，我們沒辦法認識下一個生命的面貌，可是我們不管面貌怎麼變，眞實的心就只有一生，而其他的肉體可能無量無數的變化。佛了解到心的眞實，所以祂把這個眞實的道理傳播下來 —— 我們的心沒有生老病死，所以這些痛苦都是心的感受跟發現而已。釋迦佛覺悟這個道理以後，祂把這個道理傳播下來，讓我們每個人都能夠成就覺悟，成就佛法，讓更多人離苦得樂，得到內心的解脫，沒有負擔！

禪修是了解心的一個入口，佛法也是一個覺悟心的法門。

現在，我們知道佛法是什麼？那不是別人的事情，而是與我們自己有關，因爲我們天天跟自己的心在一起，一時一刻都不能離開它，但是我們可以用在錯的地方，也可以用在對的地方；可以用在快樂的地方，也可以用在痛苦的地方。所以，對心的認識是非常重要的。

禪修是了解心的一個入口，佛法也是一個覺悟心的法門，證明真理的一個法門。每一個人都有這樣的智慧，佛就是代表一切的遍知、一切的覺悟。

要常常把心獨立出來，不在現象內貪住，我們的心就會回到原點。

　　在我們還沒有覺悟我們的心以前，我們的心會隨著現象而變化，隨著情緒起伏。我們知道，太陽照下來的光就是大地的一切，可是大地的一切不是屬於太陽的，我們的心就像太陽一樣，它照一切的現象、一切的物質，但這一切一切都不是心；我們的痛苦是因為心跟現象、物質分不開，所以就糾纏不清了。就像戀愛一樣，一直到感情沒有了才會分開，所以我們的心會痛苦，都是自己找來的，所以要常常把心獨立出來，不在現象內貪住，我們的心就會回到原點而不會在這裡，然後這個才是你自己。當我們離開現象的心，這個心就沒有痛苦；假如我們的心一直在現象裡執著、貪戀，就會跟現象一樣會生滅，會毀壞，會成敗！

　　　　一切的成敗只是我們心的歷程，
　　　就像我們坐飛機，從美國坐到歐洲，
　　一切的境，大海、國家，都是由我們的飛機超越。

解讀生命的黑盒子

　　2000年，心道法師應當地信眾的邀請前往馬來西亞，並在當地華人重要的信仰中心吉隆坡天后宮進行開示。心道法師分別發表「解讀生命的黑盒子」和「快樂生活禪」兩篇演說。更在演說結束後，與信徒進行熱烈的交流互動。

　　心道法師透過「解讀生命的黑盒子」議題，解析生命的形成，就是記憶體的種種作用，讓我們透視和瞭解生命、生死的本質。就像心道法師於開示時提到的「解讀生命的黑盒子，就是了解生命是一個記憶體，了解生命就是一個因果。」

什麼叫做生命？人家說活的時候才是生命、死的時候就不是生命。事實並非如此！佛法的生命呢，生的時候也叫做生命，死的時候也叫做生命，生跟死呢，是一個生命的活動，不是說生的時候才有，死了以後就全部沒有了。在生跟死之間，死讓我們恐怖，生讓我們歡喜，在整個大的靈體裡面，我們彼此互相依存，人的靈性從無始以來就存在，並不是我們今天做人了以後才有靈性。

　　還沒有做人以前，靈性本來就存在，只是因為，我們一直不斷地改變記憶體，所以就改變生命的頻道。死了並不是說已經沒有了，只是到另外一個緣那裡去，這裡沒有緣了，到另外一個有緣的地方去。有的時候，我們的生命只活十歲、二十歲、三十歲、五、六十歲、七、八十歲不等，生命就是一個時間，有長有短。

　　我們的生命、靈性就是在記憶生活裡面，從生到死這段期間我們都在記憶，記憶你跟我、我跟你、事事物物、好壞、成功、失敗，記憶整個流程。這些流程就是在複製我們未來的生命，現在的生命呢，是過去生的記憶體，複製出來的生命；現在的生命會複製未來的生命，所以叫做基因的生命。現在的基因，會複製到未來生命的基因，所以生命就是記憶體，記憶事事物物，而事事物物就是一個時間。

　　眾生就是我們的舞臺、我們的生命空間，我們要去植福、植慧，種植好的福氣、好的智慧，開悟很多的無常。空讓心不去執著，開悟很多的緣，是我們的財產，緣就是我們的福田啊！每一個緣就是我們的福田，所以我們要去種；至於生命，佛法的生命就是永恆的生命，不因為我們投生以後、死了以後就沒有了，生命只是變來變去。

　　生命就是一個記憶體，我們希望能有好的記憶體，不要有壞的記憶體，如果我們一直這樣複製生命，被過去的生命複製未來的生命，這樣我們都被命運控制，都

被過去控制沒有辦法創造命運了。所以說，我們知道佛法、了解佛法以後要做什麼呢？就是改變基因，創造這個好的種子。

我們要做佛法慈悲喜捨的事情，這一生一直不斷做、時時刻刻都在做，如此，整個命運就會改變過來，不會是過去的基因，會變成現在的基因，品種改良。現在只要慈悲喜捨不斷地做，品種就可以改良了，以後命運就是好的。而我們的工作就是修行，工作就是要調伏自己的心，生活裡面就要做福田，每一個人都是我們的福田，不要看每一個人臉不一樣、都不認識，這些都是我們的福田，要去種植的。

如果機會沒有了，就沒有機會再種植，所以把眾生當做我們的福田，生活時時刻刻就是要去做福田的事情，不是利己的，利他就是利己。佛法最後就叫究竟利他，沒有自己，利他就是利己，所以說要有好命運、好豐收，要創造好的命運，就要學觀音菩薩的慈悲喜捨。

我們解讀生命的黑盒子，就是了解生命是一個記憶體，了解生命就是一個因果，因果要創造開悟。如果我們不了解生命是記憶體，不去管他，那麼以後吃虧、痛苦的是自己不是別人。所以我們為什麼要學佛？就是了解因果、了解生命是基因；生命是記憶體，我們要複製豐收的記憶體、智慧的記憶體。

・時　間：2000年6月9日
・地　點：馬來西亞・吉隆坡

快樂生活禪

這是心道法師於吉隆坡天后宮開示的另一篇文章，他在這篇名為「快樂生活禪」的文章中談到生命的可貴，我們必須珍惜有限的生命來證得永恆真實的生命，也就是靈性的生命，而這要從我們的心著手，「禪」就是再讓我們的心解脫，不要被纏住，能夠清清楚楚、明明白白、自由自在，讓我們能夠因此而覺悟成佛。

如果我們不了解今生的生命，糊里糊塗做了很多讓自己和別人煩惱、痛苦、糾纏、傷害的事情，這些將浪費我們的生命。如果做人的時候不曉得珍惜做人的好處，做了一堆的浪費生命和時間的事情，我們就算是白白浪費了做人的福緣了，這是相當可惜的。

我們來到世界做人是非常不簡單、也是很幸運的事情，所以，我們要很珍惜這段短短的生命，做生命中最有利益的事情。珍惜生命可以有兩個辦法：一個就是懂得生命、掌控生命、創造更好的生命；另一個辦法就是證悟真理、了脫生死。後者尤其重要，因為證悟真理、了脫生死，就得到永恆生命真實，真正可以享受生命。

　　靈性生命就是證悟真理的生命，現在我們的靈性被貪、瞋、痴、慢、疑給遮蔽，我們的痛苦就發生了，瞋恨心起來我們心靈就開始被帶走、迷惑心起來我們就開始煩惱困擾，慢心就覺得唯我獨尊什麼人都看不起。這些都是不好的。

　　我們的生活如果天天被上面這些習氣給影響，到最後就會把生活中的各種好緣都破壞，未來生命中將沒有好緣。所以，我們要多結好緣，有慈悲就多關懷、有智慧就多關照。舉例來說，在面對習氣時，對應「痴」心就是要解除迷惑，觀照迷惑然後找到智慧；對應「疑」心就是要認識真理，「慢」心就是用謙卑的心來面對每一個眾生，想像每一個跟我們接觸的人，都是我們的菩薩、資源、養分，沒有他們我們養分怎麼來呢？這樣，就會想辦法跟我們接觸的人做功德、做利益、結好緣，，才能夠創造豐收的生命。

　　什麼是禪呢？禪就是我們的心不要被纏住，要過自由自在的生活，不要被很多假象迷惑而去執著、去罣礙，人往往因為有那麼多的牽掛，所以很不自由。

　　我們都了解禪是心，那心是什麼呢？心就是佛，真正的佛是我們的心。覺悟就是佛，不覺悟就是眾生。眾生覺察清楚的時候就叫做佛，當我們把一切的迷惑都打開、一切心念都沒有罣礙、一切想法都明白就是佛。學佛就是做覺明的工作，認識世間總總皆如幻如化，一切都是短暫的時空幻化的產物，時間一到它就消失了。

佛說世間的任何現象都是苦、空、無常，變來變去是、沒有辦法去掌控的，我們要認識這些假象，不要做迷惑的人；學佛就是學習開悟，開悟就是明白什麼是假的，清楚了解而不會罣礙、迷惑！

　　所以，禪就是要做明明白白的人，不要做迷惑的人，天天做一個清清楚楚的人，不要被外境事物所騙。禪就是覺悟、覺明、覺照的意思，學佛就是做這些事。有禪的心，生活才會快樂，「纏」就很苦、不「纏」就快樂解脫，要「轉纏成禪」。

　　禪就是身心無障礙，無罣無礙的生活禪，是放下煩惱、捨棄煩惱、轉化煩惱成為功德，就是在一切時空下都要自在，給別人自在、給自己自在，這個就是禪。禪就是時時刻刻有和諧、愉快，用寬容的心情和別人相處，禪就是平常心、不要起起落落，因為，世間一切事都沒有什麼大不了的。

心道法師與中國佛學院學生合影。

新世紀的佛教

　　2002年5月20日，心道法師應香港旭日集團主席楊釗居士的邀請，到北京法源寺中國佛學院對學生開示。佛學院副院長——傳印長老在致詞時，相當推崇心道法師在佛法修行上的成就，並希望心道法師能夠將其修行經驗不斷傳承，來影響更多有志修行的人。而心道法師也從當代的各種危機和問題為出發點，談到當代的佛教應該以何種態度來面對、承擔這些問題，並且通過修行，讓生命成為一個良性循環。

　　這是一個地球家的時代，資訊、網路整合、統一了我們與整個世界的思想。通訊、交通、媒體把地球上國與國、人與人之間的距離拉近了。資訊傳遞的快速，讓什麼地方發生什麼問題我們馬上就能知道，也馬上就有辦法去處理應對，去幫助那些需要幫助的人或地方，生活在現在的世界，我們應該要有地球家的觀念。

　　只是，資訊網路和交通的便利與發達，也產生新的全球性的問題，例如訊息過量、超載的問題。超載的訊息容易引發憂慮症、焦慮症。而又如對資源不停汲取市

場的多元競爭以及對經濟利益的重視與爭奪，也會造成另一種戰爭的來臨，亦即「環保戰爭」，這種戰爭將破壞了整個地球的環保。

大家應該知道，地球的上空臭氧層破了一個大洞，而且我們現在到處亂挖，把整個地球的礦脈都挖壞了！造成本來應該四季分明的氣候越來越混亂，下雨的地方拼命的下造成洪禍；不下雨的地方拼命不下雨形成旱災，這種不平衡與地球環保的破壞有相當大的關係。

身為當代的佛教弟子，我們要意識到，佛教不但是一個拯救心靈的宗教，也是提升地球和平跟環保觀念的宗教，現在整個世界都在重視環保觀念。佛教當然應該跟得上時代，推動地球的環保。

世間為什麼會發生戰爭，為什麼會有這些全球問題？大部分來自於我們的貪心、慾望與瞋恨，為什麼？就是因為迷惑。貪心、慾望和瞋恨

現在世界推動全球倫理，不殺、不盜、不妄語、不邪淫，這些佛教的戒律當作全球倫理的內容，已經被推行很多年了。我們可以進一步的將佛教的戒、定、慧觀念也推行到世界上，用佛教的精神去解決世界上很多的問題，將是佛教徒我們在當代應該正視與肩負的使命。

在佛教的弘法上，我認為必須學習科技，因為現在用古老的方法傳教太慢了。網路傳教很快，讓人一對一去解釋很慢，用科技方法比較快。所以，佛教傳播需要好好的運用現代的資訊科技。

什麼叫做生命？就是記憶體的作用，我們佛教提倡生命的良性循環，就是種什麼因，得什麼果，你的基因要做對，基因做不對下一期的生命就很難快樂起來，所以說佛教提倡的東西就是良性循環。認識因果，創造好的記憶體。

　　假如記憶體沒有存入出家的善因，那麼未來要出家就不可能，因為未來的記憶卡沒有記憶出家的因緣！佛教是非常科學的，告訴我們因為記憶體可以創造未來的生命基因，所以，在這件事觀音菩薩的服務系統最好，千處祈求千處現，苦海常做渡人舟，祂結的善緣最多，未來的記憶體裡就有很好的結果！

　　每個人做任何事，都會留下基因，基因留在每個人記憶中，我們的生死就像一個圓圈，生死相續，不斷循環，從來沒有停止過生命的活動。因此，在這個意義上來說，我們永遠都是活的，既然活著，如何過一個好日子是最重要，我們必須要認識因果，學習觀音菩薩，創造好的記憶體，學習祂的慈悲喜捨。

生死與修行

　　2002年9月，心道法師應美國佛羅里達州弟子們的盛情邀約，和當地的信眾、僑民以及外國友人進行餐敘，其間信徒希望能聆聽師父的開示，因此，心道法師便發表了這篇名為「生死與修行」的演說。心道法師在演說中扣緊生死和修行的關係，認為通過佛法修行就是為了要了脫生死，讓人脫離對死亡的恐懼與迷惘，才更理解如何面對自己的人生。

　　演說結束後，心道法師並與在場人士進行熱烈的討論，同時也讓許多外國友人對心道法師的風采，留下深刻的印象。

今天的題目就叫做修行與生死。我們首先要瞭解，什麼叫做修行、什麼叫做生死？

　　為什麼要修行？答案就是為了要了脫生死；為什麼要了脫生死，就是為了成佛，成佛就是要究竟的利他，才能夠成佛。

　　人生是生死無常，死亡的來臨，常常是我們沒有辦

法預期知道的，生生死死也不只是今生的問題，生生世世都是如此難以測度，所以說「生死無常」。

我們凡夫俗子，今生死了也不曉得轉生到哪裡去？我們這裡死了，就轉生到另外一個生命去，不停地在轉換生死。生死之所以非常恐怖，就是因為不知道生從何來、死往何去，這種對生死的迷惑和無知，就成為我們恐怖的根源。談到死，大家都會覺得很恐怖、很悲哀，感覺到死是人生最大的忌諱。可是事實上，如果你懂得生從何來、死往何去的話，你就不會恐怖了。所以，我們為什麼要修行？就是要懂得生死無常，老了解生死的真諦。

對我們而言，生老病死是一種痛苦，所以我們要修行。每一個人都想長命百歲，可是事實上無常不曉得什麼時候來臨，從古到今，死亡的發生如波浪一樣，一個浪接著一個浪，這個浪過了，換下一個浪。所以，死亡像浪的波動不斷地產生，在人類歷史中，不曾終止、也不曾平息。

死亡到底有什麼意義？每個人必定會死，死了以後是什麼呢？佛法裡面如何看待死亡。到底死亡後還有什麼東西跟我們走？就是記憶體。整個身體就是一個資料庫。每一個細胞都是一個記憶體，而整個宇宙是一個大記憶體，儲存我們每個生命的密碼、秘密。

佛法的觀念就是要轉化生命成為一個良性循環、要珍惜我們的人生，來做修行開悟的事情。為什麼要修行

開悟呢？當然是爲了能夠了脫生死、超越生死。珍惜生命就是用來學習佛法，以修行離開生死無常的苦、離開業及因果的苦。

今天大家學習佛法，就是從獲得資訊而有了選擇的依據、探討而可以知道什麼是眞的、什麼是值得我學習的東西。所以學習佛法就是更懂得珍惜人生，讓你的生命具有幸福快樂的延續性！

做人要具備什麼條件，才能夠再重複做人呢？就是要善業具足、持戒清淨、要發心、要修行才行。所以今天大家難得能夠聽聞佛法、難得能夠發起學佛的心，學佛的心就是成佛的心，成佛的心就是大智慧的心。

心道法師帶領美國弟子禪修。

禪與生活

> 這篇文章是心道法師應麻省理工學院講師Tenzin Lama的邀請，於2004年2月26日於麻省理工學院內發表演說，內容是講授禪修的意義。心道法師在演說中從佛法的觀點切入，探討生活中的種種現象都是因緣和合的表現，都是心的分別作用，在告訴我們禪修就是在認識心，在修心，讓我們因此而覺悟、離苦得樂。

今天將跟大家談的議題是「佛法、生活、禪」，而這三者的關係是什麼。

我們先講佛法到底是什麼法呢？佛法就是存在宇宙真實的事實，真實的事實我們怎麼會去了解呢？以什麼管道去了解呢？我們是不是覺得、知道在真理裡面生活？我們常常覺得生活是那樣的無常，變化非常的多，沒有常的形態，好像不像真理。人生到處都存在痛苦，有感情、事業、貧窮、富貴的痛苦，生老病死也是非常痛苦，在人生的變化裡，我們是處處都覺得苦。

我們沒有說哪一個宗教不對，都很對，每一個宗教可能都像身體的一部分，有的宗教也許是眼睛，有的鼻

子，有的嘴巴，有的是耳朵，有的是手，還有四肢。每個宗教都有一部分的真理，我們準備蓋世界宗教博物館，是因為可以把整個真理的面貌全部呈現出來。每個宗教都是眼睛、耳朵、鼻子、四肢，整個真理就在這些部分中呈現出來。

佛陀最初的修行，沒有辦法解決生老病死的問題，最後，他採取思維、思考的修行辦法，離開那株綁住他的樹，到一個菩提樹下做思維的修行。過了一段時間，在某天清晨時候，他發現天上的星星怎麼這麼亮，更驚奇的是，他發現自己的心也跟天上的星星一樣那麼亮。因此他發現到，每個人的心在哪，真理就在那裡，如果心有問題的話，都是因為因緣的變化。

緣的無常變化讓我們痛苦，這些痛苦都是來自於我們對境界的感受，我們每個人面對感情、事業、環境，不管怎麼面對，都是用我們的心去面對這些外境變化。我們對這些外境有情感的關係，就會有情感的執著與變化，因此若想要解脫，想要離開這種痛苦，就要看清楚因緣。

因緣就是現象，看清楚現象本身的真實性，每個現象都是非常短暫，有緣就生，沒有緣就滅，就像我們的婚姻、家庭、生意都是這樣子，有緣就生，沒有緣就滅，存在是有條件的，當條件不夠時就不存在了。所以說這些事物、現象的本質是沒有永恆的。

心是脫離痛苦的東西，也就是脫離輪迴最根本尋找

的地方，心也就是真理。每個人不管信什麼教，離開心，什麼教都沒有了，離開了心，任何真理也都不存在、都會毀滅。釋迦佛覺悟後了解到心的真實，心不會死，心支撐著生命，讓其不斷的延續、演化下去。佛就是了解到心的真實，所以把這真實的道理傳播下來。

　　佛陀傳播這個開悟的道理，就是讓每個人能夠覺悟成就佛法，讓更多人離苦得樂，得到內心的解脫。所以對心的認識是非常重要，禪修是對心了解的入口，佛法是覺悟的法門，是明白心的法門，是證明真理的法門。

　　離開現象的心就沒有痛苦，我們的心會執著、貪戀現象，然後跟現象生滅、毀壞，如果我們瞭解這一切現象都是短暫、會毀壞、成敗的，就會瞭解這一切只是我們心的歷程，就像我們坐飛機，從美國坐到歐洲，一切的境、大海、國家，都是由我們的飛機超越。所以，心是一切的根本。把心修好了，就能讓我們因此而覺悟、離苦得樂。

附錄：演說年表索引

心道法師演講文

編號	篇　名	地　點	時　間	頁數
1	生命的原理	中國‧遼寧（大連科學研究所）	1991年7月2日	25
2	佛教是如何達到神聖的境界	北非‧突尼西亞	1994年6月7日	29
3	中東宗教文明與藝術參訪後感	土耳其	1996年5月23日	35
4	生命的實相與愛的奧秘	臺灣宜蘭‧羅東	1999年11月3日	39
5	千禧年的心靈挑戰：希望在世界宗教博物館	南非‧開普敦	1999年12月3日	47
6	二十一世紀的佛教：我的思考、體驗和期待	南非‧開普敦	1999年12月4日	53
7	如何轉化衝突	美國‧紐約（聯合國總部）	2000年8月28日	71
8	如何創造一個寬容與理解的宗教文化	美國‧紐約（宗教交流中心）	2000年9月7日	77
9	愛、和平、地球家的未來：展望一個靈性全球化的時代	泰國‧清邁（西北大學）	2003年7月28日	83
10	宗教對談對和平的貢獻	美國‧紐約（聯合國總部）	2003年9月5日	89
11	和平：傾聽與理解的地球家	印度‧德里（會議中心）	2003年12月7日	93
12	永恆與大愛	西班牙‧塞維亞市（市政廳）	2003年12月14日	97
13	宗教對話：如何看待不同宗教者	伊朗‧德黑蘭（國家電臺）	2004年4月26日	107
14	覺醒的力量：華嚴世界觀與全球化展望	中國‧北京（中國社會科學院）	2004年8月28日	113

附錄：演說年表索引

341

心道法師海外弘法開示錄

國家圖書館出版品預行編目資料

和平零時差：全球對話錄‧從北緯23.5°出發／釋心道作 .——初版.——
臺北縣永和市：靈鷲山般若出版：地球書房文化發行，2009.08　　面；　　公分
ISBN 978-986-84796-4-7（精裝）
1.佛教說法 2.佛教教化法　　　225.4　　　　　　　　98014185

和平零時差

全球對話錄‧從北緯23.5°出發

作　　　者　　釋心道

主　　　編　　釋了意
潤　　　稿　　釋鴻持、賴皆興、莊雅婷
執 行 編 輯　　范旭丹、鄭芷芸
助 理 編 輯　　孫天牧
封 面 設 計　　王鳳梅
美 術 設 計　　王鳳梅、蔡明娟
資料‧圖片提供　　靈鷲山文獻中心、國際事務部、靈鷲山攝影組義工

法 律 顧 問　　永然聯合法律事務所
發　　　行　　地球書房文化事業股份有限公司
發 行 人　　楊麗芬
出 版 者　　財團法人靈鷲山般若文教基金會附設出版社
地　　　址　　23444台北縣永和市保生路2號17樓
電　　　話　　（02）2232-1008
傳　　　真　　（02）2232-1010
網　　　址　　www.093.org.tw

總 經 銷　　成信文化事業股份有限公司
地　　　址　　23148台北縣新店市中正路四維巷二弄2號4樓
電　　　話　　（02）2219-2080
傳　　　真　　（02）2219-2180

劃 撥 帳 戶　　地球書房文化事業股份有限公司
劃 撥 帳 號　　19888178
初 版 一 刷　　2009年8月
定　　　價　　420元
ISBN　　978-986-84796-4-7（精裝）